The Future
A Very Short Introduction

未来学
人類三千年の〈夢〉の歴史

ジェニファー・M・ギドリー著
Jennifer M. Gidley
南龍太訳
Minami Ryuta

白水社

未来学——人類三千年の〈夢〉の歴史

未来学*目次

装幀＝藤井紗和　組版＝鈴木さゆみ

イントロダクション

「未来」への入口

私たちが今直面している未来は、種としての私たちの存在それ自体を脅かすものとなっている。私たちの多くが大切にしている快適な都市生活や、地球そのものの住み心地をも脅かすものだ。私たちが置かれている時代は危機的であり、地球人として私たちが直面する課題は複雑で難解で、かつ全地球的と言える。気候危機の影響だけでも、海面が上昇し、都市が水没し、難民が大量に発生し、干ばつや洪水、塩害で耕地が失われ、劇的な食糧不足に見舞われ、種が大量に絶滅するという恐ろしい未来が指摘されている。太平洋のいくつかの島はすでに消滅し、米国では、最初の気候難民が低地の島から高台に移住させられている。そして、これはほんの始まりに過ぎない。

著名な理論物理学者スティーヴン・ホーキング、オックスフォード大学の哲学者ニック・ボストロム、そして億万長者の起業家でエンジニアのイーロン・マスクは、「人工超知能」の進歩がもたらすであろう、人類への潜在的で実存的脅威について警鐘を鳴らしている。無差別テロに付きまとうボラティリティ（変動性）、経済格差の拡大、世界的に蔓延する若者のメンタルヘルスの変調などを踏まえると、本書は終末的なストーリーになりそうな気さえする。未来へのＶＳＩ（Very Short Introduction）を書くには、なんとチャレンジングな時代であろうか。

しかし、未来を時限爆弾だと見る向きは、実態の一側面でしかない。

現在に至るトレンドが示唆する破滅の可能性とは裏腹に、私たちは自由なやり方でネガティブなトレンドを好転させることができる、かつてないほどのベストポジションにいる。人類という種として、私たちは今ほど自覚的で、グローバルにつながり、徹底的にポジティブな変化をもたらすことができる時代はない。即時的なコミュニケーションツールのおかげで、何百万もの人々が、理解と情熱と意志さえあれば、一瞬にして善意の行動に移れる。

困難な諸問題に対して、私たち人類がどのような選択をするかにかかわらず、今日の私たちの行動によって生み出される未来は、何百万年とは言わないまでも、今後何千年と続くであろう人類の未来全体に影響を及ぼすであろう。人類と未来との関わりの歴史をたどると分かるように、人類は常に未来に影響を及ぼしてきた。

何千年もの間、私たちは未来を予測し、コントロールし、管理し、理解しようと腐心してきた。私たちの祖先は、神託に助言を求め、占星術を頼りにし、哲学的に時間と未来の概念について議論し、ユートピアとディストピアを描き、近代科学の時代には、過去からのパターンを蓄積して解釈することで未来のモデルを推定し、未来を予測しようとしてきた。

しかしながら、過去からのトレンドに基づいたモデルが指し示す、予測可能で固定された単一の未来というのは、実際には存在しない。むしろ、そこにあるのは起こり得る無数の未来だ。この認識の変化の根底にあるのは、人間の意識の進化である。このような知識が意味するところは、私たちが未来を想像し、創造する力を持っているということだ。ただし、人生の環境次第で、より大きなパワーとインフルエンスを持つ人もいることを忘れてはならない。社会的、政治的、経済的な構造によって、他の人よりも制限される人がいることは間違いない。また、私たちが創造できる未来と、毎日の日の出と日没や季節の流れといった私たちが拠り所としている日常の確かな未来とを、区別しなければならない。例えば、公共交通機関は信頼できる、旅行の予約は信用できる、天気予報はほぼ当たる、など、私たちはある種の「日常的な予知能力」を使って日常生活を営んでいることを意識する必要があるということだ。

つい最近まで、社会的、文化的なシステムは、「人生は概して予想通りになる」という信念のもとに構築されてきた。だが二十一世紀に入り、私たちは社会文化的、生態学的システムの多くが崩壊しつつあるのを目の当たりにしている。今日の世界は複雑で、信頼性に欠ける。明日は一層その度合いが強まると予想される。米国防総省は一九九〇年代にＶＵＣＡ《ブーカ》という新たな用語を作った。ＶＵＣＡとは、Volatile（変動性）、Uncertain（不確実性）、Complex（複雑性）、Ambiguous（曖昧性）の頭文字を取ったものである。ビジネスの世界でも、ＶＵＣＡはリーダーシップの文脈で積極的に取り上げられている。

変化のスピードが加速するにつれ、「未来」という言葉は、一般的なメディア、ビジネス文献、教育や学術の領域で、ますます多く使われるようになった。どこのコンサルタントも自ら未来学者と名乗っている。二十一世紀に入ってから、技術革新のスピードが指数関数的に速くなり、時間そのものが「未来」に近づいているような気がする。「未来」という言葉が一般的に使われるようになったことで、政府機関、企業組織、コンサルタント会社、トレンド・スポッター（流行発信者）など、未来にフォーカスしていると主張する人たちが世界的に急増した。「未来」という言葉自体がトレンディになり、流行するようになった。学校や大学では、戦略計画の中に「未来への備え」や「将来への準備」といった言葉を盛り込むことが義務化されていると考えられている。しかし、逆説的なことに、ビジネス界、政府、教育界では、数十年にわたって確立された未来学の文献にほとんど触れられることなく、長期的視座に拠らない近視眼的な考え方がはびこっている。

個人的な見解だが、未来は謎めいていて、常に変化している。ある時は決して手の届かない、見果てぬ夢であるかのように。またある時は、竜巻のように押し寄せてきたり、混沌の津波となって呑み込もうとしてきたりすることもある。逆説的だが、未来は完全にオープンで、私たちの手に負えないものだ。にもかかわらず、政府は何兆ドルもかけてそれをコントロールしようとしている。未来はSFにとっての格好の遊び場であると同時に、都市計画者や政策オタクが扱う生の素材でもある。未来は短く、儚く、驚きに満ちている。起こった瞬間に終わってしまうこともあれば、到着まで永遠にかかるように思われることもある。悪夢に取り憑かれたり、あるいは夢と希望にあふれたりと、個々の私たちの未来は過去の影や喜びに不思議と満ちているが、それは現在における勇気ある行動によって常に新しく創造されていくのだ。

この未来へのＶＳＩでは、私が二十五年にわたる「未来学」という魅力的な研究領域において発見した、さまざまな側面に光を当てたいと思う。特に、科学的な予測と根拠のない憶測の間に横たわる未来について、読み解き、時に生じるであろう葛藤を目立たせるようにする。未来は時間なのか場所なのか、未来について人々が思考を巡らせてきた三千年以上にわたる歴史、〔人口増に伴う世界的食糧不足を懸念した〕マルサス的な終末論のカタストロフィとコルヌコピア（豊穣の角）のテクノ・オプティミズムによる展望という両極端の間で舵を切る試みについても論じる。

本書では、ポピュリスト的なアプローチも取り入れているが、このＶＳＩの主眼は、五十年の歴史を持ち、すべての大陸の何千もの学者や研究者、実務家、学徒らが培ってきた学際的分野である「未来学」の多様な側面を、読者に紹介することにある。未来学は、複数の未来の可能性を人々の意識が受け入れるようになり、私たちが自ら選択して世界を創造し、自らの進化に意識的に関与する自由人であるという前提の上に成り立つ、グローバルな学術分野である。本書は、複数の未来に彩られた世界を理解するための多元的アプローチの理論と実践を、読者へ紹介することに主眼を置いている。

未来研究のネーミング

「未来（future）」という英単語が最初に使われたのは十四世紀と考えられている。オンライン語源辞典によると、その語源はラテン語の「futura/futurus」で、動詞のesse（ある）に由来し、「なる、これから至る」を意味する。また、十三世紀には古フランス語の「futur（未来、来る）」にも登場している。しかし、今日私たちが当たり前のように抱いている未来の概念は、もっと古いものである。

現在、未来に関する研究は非常に広範囲に及んでいるため、それを表現する用語が数多く存在している。主な用語を探ることで、多様性に一貫性を持たせたい。未来に対する最も古いアプローチは「予言・預言（prophecy）」と呼ばれ、紀元前一千年紀にまで遡る、古い〔文明以前の、人間本性の、情動的な〕前理性的世界観と結び付いていた。この用語は、おそらく未来の仕事を矮小化しようとするメディアを除けば、今日ほとんど使われていない。

二十世紀に入ると、「予想（forecast）」という言葉は、未来についてのあらゆる種類の文章を指す言葉として一般的に使われるようになった。進歩への信念と、科学技術の際限がないとも思える発展とともに、有名な人物による予測が流行した。一九二〇年代にイギリスで出版された「トゥデイ・アンド・トゥモロウ」シリーズの成功は、その一例である。予想（forecasting）は一九六〇年代に改良され、そのアプローチを科学的だと考える人々によって今日でも好まれている。予想（forecasting）は、私たちが考えている用語の中で最も「予測（prediction）」に近いものであり、「技術予想（technological forecasting）」のように、しばしば技術開発と結び付けられている。一般に、未来学（futures studies）は現在のトレンドからの〔補整的な〕外挿に基づく予測がほとんどだと思われている。しかし、そうした予測的未来学は、いくつかある本格的な未来学アプローチの一つに過ぎない。

　未来史家のウォーレン・ワガーが以下の引用で述べているように、H・G・ウェルズは、新しい技術発明が将来もたらす結果について、より形式化された研究を最初に呼びかけた一人である。

> 〔H・G・〕ウェルズによる〔ロンドンの〕王立研究所での講演が行われた一九〇二年一月二十四日を、未来研究が誕生した日とするのは、あながち突飛な話ではない。

一九〇一年に先駆的な著書『予期（*Anticipations*）』を出版して成功を収めたウェルズは、ロンドンの王立研究所で招待講演を行い、後に『未来の発見（*The Discovery of the Future*）』を出版した。彼は、体系的な「未来の学問的研究」が必要だと訴えた。学問の場で真剣に取り上げられるようになるまでには、さらに五十年を要した。一九三二年のラジオ放送でウェルズは、歴史学の教授は何千人もいるが、先見の明《フォーサイト》のある教授は世界に一人としていないと断じた。ウェルズにとっての先見性とは、彼が言ったように、われわれの行動が将来もたらす結果に目を向けることであった。

あらゆる新しいもの、新しい発明や新しい力が押し寄せてくる。そのいずれもが結果を伴う。しかし、私たちがそれに対処しようとするのは、何かが私たちに大きな衝撃を与えた後なのだ。

未来を研究する学問的アプローチを最初に試みたのは、ドイツのオシップ・K・フレヒトハイム教授である。彼は第二次世界大戦後に「未来学（futurology）」という言葉を生み出した。彼は未来学を広義の人間科学あるいは社会科学として捉え、「特定の主題に連関する組織化された知識の体系」とした。彼はその可能性を「歴史の新たな時間的次元への投影」と捉えた。未来学は、文書や口頭による記録を利用できないため、文化人類学や理論社会学のように解釈、一般化、推測といった方法を用いるという点で差別化を図った。この「futurology」という用語は今日ではほとんど使われていない。

一九五七年、フランスの哲学者、実業家、教育者であるガストン・ベルジェ（一八九六―一九六〇）は、パリに「国際展望センター」を設立し、学術誌『展望』を発行した際に、「展望（prospective）」という言葉を作り出した。ベルジェにとって、プロスペクティブとはレトロスペクティブの鏡像であった。それは単に未来を覗こうとすることではなく、行動を起こすことであった。この言葉は今日、ミシェル・ゴデのようなフランスのプロスペクティヴィスト

（prospectivists）、あるいは、ギレルミーナ・バエナ・パスやアントニオ・アロンソ＝コンチェイロのようなラテンアメリカの未来学者の間で最もよく使われている。ゴデは、ベルジェのプロスペクティブの行動的側面を追認している。「プロスペクティブは、未来が人間の主体性の結果であると考え、その主体性は、人間の欲望、丕業《ひぎょう》、夢によって強く条件づけられる」。ベルジェがセンターを設立した数年後、フランスのプロスペクティヴィスト、ベルトラン・ド・ジュヴネル（一九〇三―八七）は一九六〇年、パリに「フューチュリブル（Futuribles）」という組織を設立し、現在も発行されている同名の雑誌も創刊した。ド・ジュヴネルの信念は、未来はあらかじめ決められているものではなく、単に未知であるだけであり、どのような状態であっても幅広い未来が可能であるということである。

このようなヨーロッパの動きと並行して、アメリカではランド研究所がシナリオ・プランニングの方法論を開発していた。特に戦後のシナリオに関する、ハーマン・カーンの一九六〇年代の仕事として知られている。フランスの石油会社経営者ピエール・ワックは、一九七〇年代からロンドンのロイヤル・ダッチ・シェル社に勤務し、民間セクターで初めてそのシナリオに取り組んだと言われている。ゴデは一九八〇年代からフランス流のプロスペクティブ・アプローチでシナリオを用いて、さらにピーター・シュワルツの「グローバル・ビジネス・ネットワーク」のシナリオ・アプローチが続いている。シナリオ・プランニングは幅広い方法論であり、未来研究のさまざまなアプローチの中で使用することができる。シナリオの根底にどのような未来アプローチがあるのかを理解するためには、主要な用語、理論、目標、記述、関連する調査方法を探す必要がある。

一九六〇年代後半、他の学問分野で起きていた大きな変化のいくつかは、未来研究にも影響を与えた。研究の名称における最も重要な変化は、ジェイムズ・データーやエレオノーラ・マシーニといったこの分野をリードする思想家たちが、「フューチャーズ（futures）」と「スタディーズ（studies）」という用語を複数形にする必要があると主張し、「フューチャーズ・スタディーズ（futures studies）」が誕生したことである。用語を複数形にするこうした動きは、些細なことのように思えるかもしれないが、未来を民主化し、複数化しようとする哲学的、政治的な深い胎動を反映していた。〔futures と studies という〕未来学の複数形化は、一九七三年に設立された世界未来学連盟によって正式になされた。本書で私が使う未来学とは、教育学、哲学、社会学、歴史学、心理学、経済学などの理論と現実の観察とを組み合わせた学際的な学問分野であり、社会のために一種類の未来ではなく複数の未来を提案するものである。現在、このような幅広いスタンスで研究を行っている研究者たちは、「未来学（futures studies）」という複数形の用語を使って、研究・実践分野全体を表現している。

ウェルズの「フォーサイト（foresight）」という言葉は一九九〇年代に復活し、現在では特に実務家の間でよく使われている。欧州委員会のフォーサイトに関するハイレベル専門家グループは、フォーサイトについて次のように説明している。「フォーサイトとは、体系的で、参画型の、未来の知識情報収集と中長期的なビジョン構築のプロセスであり……今日の意思決定と共同行動の動員を目的としていると定義することができる」。戦略的先見性（strategic foresight）は、一般にフォーサイトの下位の流派と見なされている。リチャード・スローターはそれを、戦略的マネジメントと未来学的な手法の融合と表現している。一方、戦略や計画の分野で働く人々にとっては、戦略的先見性は比較的新しく、しばしば歓迎されるものである。ゴデは、戦略的先見性がフランス流のアプローチを表す最も近い英語表現であると指摘している。ただし、フランスのプロスペクティブのような積極性が欠けていることを除けば、である。

このほかにも、個人や小集団によって細々と使われてきた用語がいくつかあるが、ここでは簡単な言及にとどめる。

「予後論予言学（prognostics）」という用語は、冷戦時代のソビエト東欧で使われていた。マシーニはこれを科学的実証主義やレーニン思想と結び付けた。ハンガリーの未来学者、エルジェーベト・ノヴァーキーは、予言学では未来研究の探求的側面がソビエト政権の中央集権的な計画に従属したと説明している。一九六〇年代から一九七〇年代にかけて、参加者に代替的な望ましい未来を創造する力を与えるために活動していた一部の未来学者たちは、「フューチャリスティック（futuristics）」という言葉を使ったが、大きな支持を得ることはなかった。別の用語「フューチャリズム（futurism）」は、この分野を特徴づけるために一九七〇年代初頭に広く使われたが、二十世紀初頭にイタリアで起こった極右急進派の芸術運動との関連から、今日では一般に避けられている。

ウェルズが一九〇一年の著書『予期（*Anticipations*）』で初めて使った「予期」という言葉は後年に再登場している。注目すべきは、ウェルズが、閉鎖性よりもむしろ多面性と開放性を意味する複数形を使っていたことだ。一九八〇年代、フランク・ビアンケリは「政治的予期（political anticipation）」という言葉を作り出した。「政治的予期」という言葉を汎ヨーロッパの政治的文脈で生み出したのである。続いてロバート・ローゼンは、ソ連の予期システムのアプローチに基づき、数学、コンピュータ科学、サイバネティクスを通じて、未来研究を科学として正統化しようとした。最近の動きとしては、イタリアのトレント大学の「プロジェクト・アンティシペーション」や、イギリスのブリストル大学の「アンティシペーション・リサーチ・グループ」などがある。

未来に関する最新用語は「トレンド・スポッティング（trend spotting）」である。多くの場合、外挿のために過去や現在の情報を集約することを指す。トレンド・スポッティングには現代的な話題性がある反面、基本的には「未来は過去のトレンドの予測に過ぎない」という信念に結び付いている。この用語は、クライアントに最新情報を提供し、優位に立っているように見せかけたいコンサルタントに人気がある。皮肉なことに、この軽薄で大衆迎合的なアプローチは、市場調査などでは商業的にかなり成功しているかもしれない。

ウェルズが一九三二年に呼びかけたときから時代は変わった。現在、世界には先見の明を持つ教授が何人もいる。さらに、過去五十年の間に数多くの大学に未来学の講義・課程ができ、その多くは修士課程レベルになった。長期的思考を研究したり応用したりするために、数十の国家機関やいくつかのグローバルなNGOが設立され、複数の方法論が開発され、数百の書籍が出版され、現在では未来研究に対する少なくとも五つの異なる哲学的アプローチが存在する。

まとめると、未来を研究するためのさまざまな呼び名が一世紀にわたって使われ、そのうちのいくつかは互いに優位性を競い合ってきたが、今では未来学という学際的な分野があるというのが一般的なコンセンサスとなっている。戦略的先見性、シナリオ・プランニング、プロスペクティブといった用語を選好する人々でさえ、これらの概念が未来学の複雑な多元性の中に組み込まれていることには同意するだろう。

未来はユートピア的な場所なのか？

未来史家はしばしば、未来の概念の初期の証拠としてユートピア文学に注目する。ユートピアについて簡便に考察することで、未来がまだ来ていない時間として考えられるのか、それとも私たちの恐怖や願望が誇張的に表された想像上の場所なのかが見えてくるだろう。想像上の理想郷としてのユートピアは、しばしば未来と結び付けられる。さらに、SF映画で頻繁に描かれるような恐ろしい未来は、「ディストピア」と呼ばれる。基本的に、ユートピアとディストピアは、「今、ここ」ではないどこかほかの場所で起こる、望ましい未来と恐れられている未来についての物語である。しかし、ユートピア／ディストピア、未来、場所、時間という概念の間には、もっと複雑な関係が綯い交ぜになっている。

今日私たちが知っているようなユートピアというジャンルは、文明のユートピアモデルを創り出そうとした最初の本格的な試みと広く解されているプラトンの『国家』として古代ギリシャに端を発する。より正確に言えば、それは「eu-topia」、つまり「良い場所」という意味だった。これは、後進にとって、より完璧な暮らしが営まれる場所の理想化されたビジョンを描くための礎を築いた。逆説的だが、ギリシャの哲学者たちが直線的な時間（過去、現在、未来）の概念を提唱していた古代史のまさにその時期に、プラトンの『国家』から始まる「空想の場所としてのユートピア」という考え方が登場したのである。ライマン・タワー・サージェントは、ＶＳＩシリーズの『ユートピア主義』の中で、古典古代のギリシャやローマで始まった形相としてのユートピアと、過去の黄金時代に思いを馳せる以前のユートピア神話とを峻別している。一五〇〇年代初頭にトマス・モア（一四七八―一五三五）が『ユートピア』を書くまでその言葉は使われなかったため、それ以前の〔プラトン〕『国家』は当時ユートピアとは呼ばれなかった。

初期のユートピアは「別の場所」に根ざしていたため、未来（または「別の時間」）に影響を与える潜在性は、明示的というよりは暗示的なものだった。そのようなユートピアの物語は、未来において物事がどのように違った形で行われ得るかについて密かに暗示する、より良い場所のたとえ話だった。場所に関する簡潔なディストピアの初期の例は、「聖ゲオルギオスと竜」の神話である。事実に基づくものであれ、フィクションであれ、紀元千年紀の初期において、ディストピアが比較的単純で二元論的なものであったと教えてくれるのはその語りである。すなわち、村がドラゴンに脅かされ、勇敢な若者がドラゴンを退治し、村は無事で、特に囚われた姫君は無事で、ユートピア的な単純で幸せな暮らしを取り戻す。

あらゆる概念がそうであるように、ユートピアとディストピアという概念自体も進化してきた。ユートピアの語りがより明確な未来志向に転じたのはもっと後、十八世紀末のことである。社会学者のウェンデル・ベルは次のように説明する。

十八世紀末、ユートピア作品は空間から時間へと大きく転換した。理想社会（あるいはその対極にあるディストピア）の典型的な舞台は、同じ時代の異なる場所から、異なる時代の同じ場所へとラディカルに変化した。

未来史家のイグナティウス・F・クラークは、「旧式の大陸的ユートピアの衰退」について同様の指摘をしているが、技術的に進歩した国々の文学では、「未来の理想国」に新たに焦点が当てられるようになっただけである。社会がより複雑化するにつれ、ユートピアとディストピアも複雑化した。

最近のユートピア的な未来にまつわる語りの逆説は、多くのユートピアが、政府権力による全体主義的な押しつけや、何らかの社会工学的手法によって構築されていることである。ほとんどのユートピアは支配的なイデオロギー的側面を持ち、それは多くの場合、全体主義に近い。グローバル社会として、全体主義体制の崩壊とともに二十世紀にこの認識が高まり、隆盛するディストピア・フィクションが勢いを増した。もう一つの逆説は、文明がどのように発展するかという直線的なモデルは、常に価値観に左右されるということである。過去は未開的なものとして問題視される一方、理想化された未来に通ずるものには重きが置かれ、進歩、発展、進化は文明へと連なる一直線の道として称えられる。現在を悪者扱いし、ロマンチックな過去を理想化する理論やイデオロギーにおいては、逆の重み付け評価がなされる。その場合には過去がユートピアとなる。

現代のユートピアとディストピアの考え方まで話を進めると、未来、時間、場所についてはどのように語られているだろうか。今日のＳＦ映画のいくつかは、「同じ場所、異なる時間」というベルの十八世紀以降のタイプに分類されるだろう。例えば、『マッドマックス』シリーズの舞台は地球だが、それは荒廃した未来の地球である。一方、現代の近未来映画の多くは、宇宙空間のコロニーを舞台にしている。例えば、『スタートレック』シリーズや『スター・ウォーズ』シリーズ、『エイリアン』シリーズ、『ターミネーター』シリーズなどである。これによって、ベルの他の二つのタイプとは異なる第三のタイプが生まれる。この第三のタイプは、今日では非常に一般的なもので、異なる時代（未来）と異なる場所（宇宙）が舞台となっている。また、今日の大衆的なマスメディアには、ユートピアよりもディストピア的、さらには黙示録的な語りがかなり集中して登場している。

未来はまだ来ていない時間なのか？

未来について考えるときによくある仮定は、人間は常に過去、現在、未来という三つの部分からなる時間の考え方を持っているというものだ。これは人類が常に行ってきた時間の捉え方ではないし、今日すべての文化が行っている時間の捉え方でもない。この直線的な時間の捉え方は、古代ギリシャにおける西洋哲学の起源と並行して、約二千五百年前に生まれた。それ以前、私たち人類は、宇宙的なスケールでは天文学的な大きな周期に支配され、日常的なスケールでは季節のリズムや太陽・月の周期に支配された、より生活に溶け込んだ循環的な時間感覚の中で生きていた。

文化の進化にまつわる文献によれば、プラトンの時代から、人類は神話や物語、叙事詩、絵文字に表されるような世界観を、より抽象的で考え抜かれた概念へと拡張していったという。意識の進化を調べる研究者たちによると、ギリシャの哲学者や数学者たちは、抽象的な精神概念を形成する新たに発見された能力によって、今日の私たちが目指すような論理的思考の基礎を築くことができたという。パルメニデスやヘラクレイトスのような哲学者たちが存在の本質を理解しようと努力した結果、時間に関してさまざまな学派が形成された。重要な考え方は、時間は永遠であり、永続的であり、不変であるという考え方と、時間は変化の尺度であるという観念であった。後者の概念は、時間を流れとして捉える古い循環的な見方とは対照的に、存在を過去、現在、未来という直線的な時間のブロックに分けることができるという考え方につながった。直線的な時間の概念とともに、哲学と数学が生まれた。絵文字はアルファベットに取って代わられ、筆記による歴史が誕生した。つまり、過去はより固定化され、未来は概念的に区切られ、それ自体が関心の対象になりつつあったのだ。この直線的な時間観念は、二十世紀に入るまで西洋において支配的であり続けた。

時間を手なずける探求

私たちの世界を理解し、飼い馴らそうとする人間の探求の一環として、私たちは何千年も前に、未来をコントロールしたいとの願いのもと、時間を計測し、コントロールすることに着手した。これは、マクロのスケールでは、太陽の軌道、月の満ち欠け、星や惑星のパターンを計測する暦や星座盤によって達成された。ミクロのスケールでは、時計によって実現された。カレンダーと時計という二種類のタイムマシンは、必ずしも今日のように分離していたわけではない。

今日私たちが知っている歴史的な暦（アケメネス朝ペルシャ、中国、マヤ、ローマ、ユリウス）の

図1a　古代バビロニアの文献『ナボニドゥスの年代記』は、ギリシャ人が紀元前330年にペルシャのアケメネス朝暦を採用したと報告している。

ほとんどは、二千〜三千年前に発明されたものだ。これは、ギリシャの哲学者たちが時間を循環的なものから直線的なものへと再構築し、抽象的思考を発展させていた時代と符合する。

古代ペルシャ文化は、時間と未来の両方と強い関係を持った初期の文化の興味深い例である。古いペルシャ暦は太陽暦であり、ゾロアスター教の時代よりも前の紀元前二〇〇〇年もの昔から存在していた、人類史上最も古い年表の一つである。バビロン征服後にギリシャ人が採用したアケメネス朝暦（図1a参照）については、少なくとも紀元前三三〇年まで遡る完全な考古学的記録がある。ペルシャ暦は、数学的ではなく天文学的に調整されているため、今日でも非常に正確であると見なされている。現在もイランとアフガニスタンの公式暦となっている。

ペルシャとほぼ同時期に、中国は主に月の周期に基づく暦を開発した。今日、中国人は民間向けに現代のグレゴリオ暦を使用しているが、旧正月のような祝祭日を定める際には中国暦を使用している。

マヤ文明にも紀元前一千年紀に暦があり、それはペルシャの太陽暦や中国の太陰暦よりも複雑である。マヤ暦では、三つの異なる時間のサイクルが複雑に絡み合っており、そのうちの一つである「グレート・サイクル」は二〇一二年十二月三十一日に終了した。マヤ暦の複雑さに対する無理解から、誤った解釈がなされ、これが世界の終わりを告げるという主張がなされたため、二〇一二年には多くのメディアでこのことが報道された。マヤ暦で特に興味深いのは、「ロング・カウント」と呼ばれる第三の周期が含まれていることだ。

ここから、未来思考との関連、特に支配的な社会パラダイムの短期主義と、サンフランシスコの「ロング・ナウ協会」が開発した「ロング・ナウ」のコンセプトのような長期的思考の間の対比が見えてくる。

ヨーロッパ側の視点から見ると、ローマ暦とユリウス暦の両方が紀元前一千年紀に登場している。ローマ暦は、中国の暦と同じように太陰暦に基づくもので、紀元前七五〇年頃に発展し

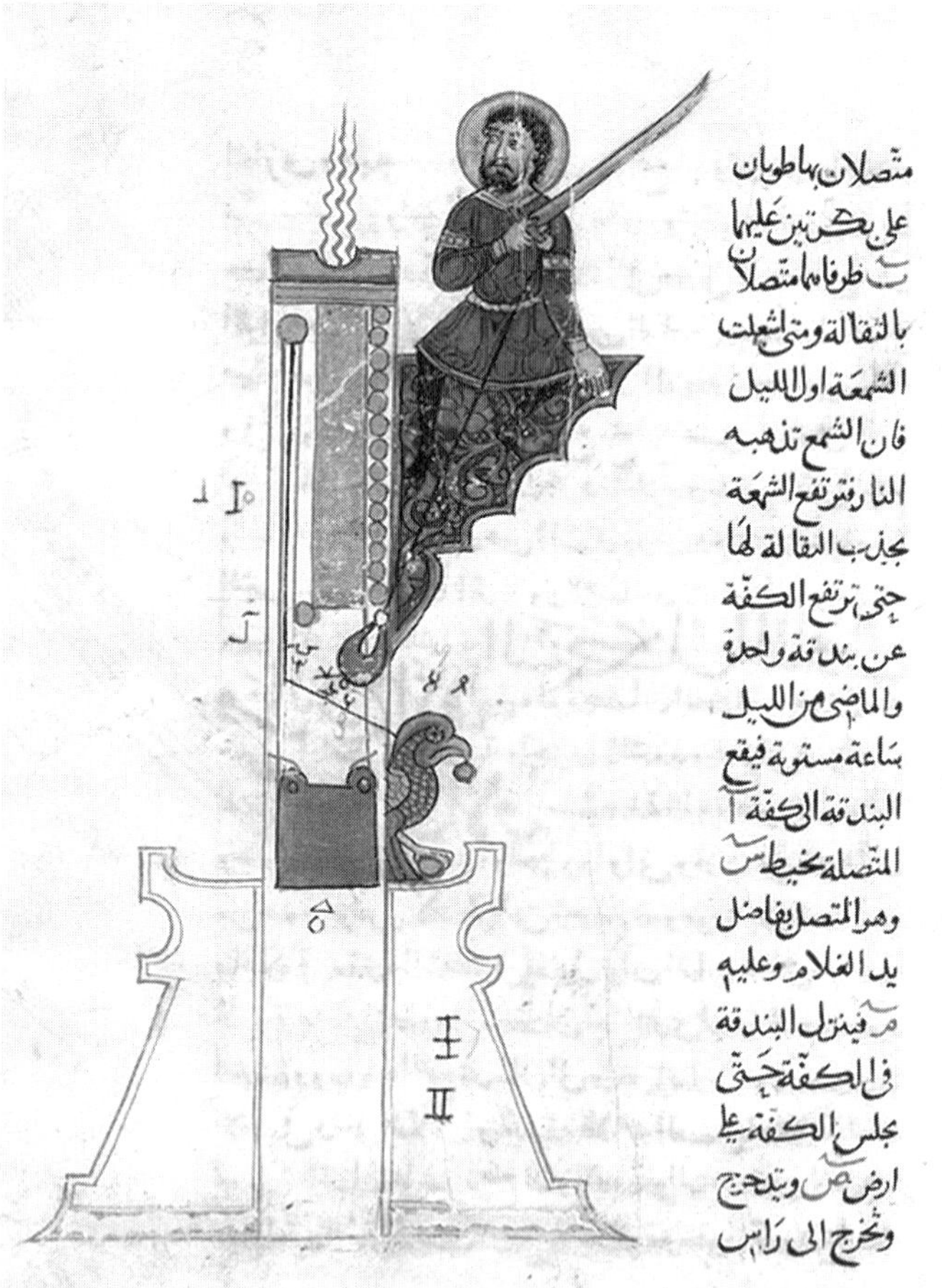

図１b　古代シリアのろうそく時計、1315 年。アル・ジャザーリの「独創的な機械仕掛けの知識の書」より。

た。ユリウス・カエサルが紀元前四五年に導入したユリウス暦は、ローマ暦に取って代わり、現在でも一部の正教会で使われている。今日、世界的に当たり前のように使われているグレゴリオ暦が導入されるまでには、さらに千五百年を要した。

暦は、人類が未来を把握するために、太陽、月、星のマクロな時間周期のパターンを理解し、ある程度までは予測しようとしたことを示している。

一方、時計はよりミクロな時間の計測に使われた。その目的は、日々の活動の秩序を保つことにあった。十四世紀に機械式時計が発明される以前、人類は時間の経過を計るために数々の工夫や手段を考案した。何千年もの間、私たちは日時計やストーン・サークル、水時計、ろうそく時計（図1b参照）、砂時計で時間を測っていたが、その後、機械式時計に必要な振り子、バネ、歯車を発明する技術が発達した。

暦と時計の境界線には、占星術時計と星座盤がある。時計の初期の発展には、天文学的／占星術的な特徴も含まれており、プラハの占星術時計（図2a参照）に代表されるように、宇宙的なサイクルとまだ結び付いていた時間の観念が見て取れる。この科学と芸術の統合された作品の複雑な美学と力学に注目してほしい。プラハの旧市街広場にある市庁舎のファサードに六百年以上も置かれている。

これと対照的なのが、デジタル・スマートウォッチの簡素化された美学である（図2b参照）。ウェアラブル・コンピュータとも呼ばれるスマートウォッチは、ハイテクで洗練されてはいる

図2a　プラハの天文時計、1410年。旧市街広場にある市庁舎の南壁に取り付けられたこの天文時計は、現在も稼働している世界最古の天文時計である。

が、一個人にしか装着できず、プラハの市庁舎の時計のような象徴的な文化的パワーは望めない。私たちの声を録音し、モバイルアプリを実行し、基本的なタスクや計算、翻訳を行うことができるにもかかわらず、デジタルのスマートウォッチは、せいぜい装着者に一種のバーチャルなつながりを与えるに過ぎない。日ごとに充電を必要とするこの時計は、短期主義に陥っており、発売から二年以内に故障するか、「よりスマートな」時計に取って代わられることになるだろう。

　プラハの旧市街中心部にある天文時計も、北京やシンガポールの空港で売られているスマートウォッチも「時を告げる」。しかし、私たちが話してい

図 2b　デジタル Pebble スマートウォッチ、2016 年。

る時間とは何だろうか。そして、これらの異なる種類の時間は、未到の時間の未来について何を教えてくれるのだろうか。

私たちは逃れようのない心配な未来に閉じ込められていると感じるかもしれない。しかし、未来について考えるさまざまな方法を学ぶことは、私たちに選択肢を与え、そこにある無数の可能性から別の未来を創造する力を与えてくれる。

第一章　三千年の未来

時間意識の歴史

過去の人類がどのように未来を語り、その枠組みを作ってきたかを理解することで、私たちは未来思考の意義についてより深く味わえる。「未来の過去」と「現在の未来」とのつながりを追い求めれば、明日のためのより賢明な未来の創造に向けて備えられるだろう。

私たちの進化する未来観と時間との結び付きは、人間の意識の進化と密に折り重なっている。文化史家や意識研究者たちは、チャールズ・ダーウィンの生物学的理論が進化の物語のすべてではないという十分な証拠を提示してきた。文化と意識の進化に関する理論は、ゲオルク・ヴィルヘルム・フリードリヒ・ヘーゲル、ヨハン・ヴォルフガング・フォン・ゲーテ、フリードリヒ・ヴィルヘルム・ヨーゼフ・シェリングといったドイツの観念論・ロマン主義の哲学者たちの間で、十八世紀後半にはすでに流布していた。ルドルフ・シュタイナー、ピエール・テイヤール・ド・シャルダン、ジャン・ゲプサー、ユルゲン・ハーバーマス、マーシャル・マクルーハン、ケン・ウィルバーなど、二十世紀の思想家たちは、人間の意識が長い時間をかけて進化してきたという考えの中心人物である。意識の進化は、私たちが歴史的に時間と未来をどのように見てきたかに影響を与えてきた。

文化史家であるゲプサーは、著書『永遠の起源』の中で、何千年にもわたる人類の意識に関する二十年にわたる研究をまとめている。彼は、人類の歴史を通じて意識の五つの構造が発展したと理論化し、それらを原始的、魔術的、神話的、精神的、統合的（現在）と呼んだ。ゲプサー、シュタイナー、ウィルバーもまた、歴史を通じて人類の意識の進化とともに時間意識も変化したと主張している。英国の社会学者バーバラ・アダムは、社会的時間と未来について幅広く執筆しているが、その著書『時間』において、ゲプサーの詳細な文化史を引用している。未来研究の社会学者エレオノーラ・マシーニは、社会学的、歴史学的、人類学的な観点から時間と未来の分析を行っている。ここでは、ゲプサーの構造を、彼や他の人々が連想する時間意識の類型も含めて簡単に説明する。

原始的意識は、記録された歴史よりもはるか以前に最初期の人類が経験したものであり、それについてはほとんど知ることができない。ゲプサーの見解によれば、人類最古の人々は、彼が「常在の起源（ever-present origin）」あるいは「永遠の今（eternal now）」と呼ぶ一種の時間以前の経験の中に生きていた。フェミニストで未来学者のイヴァナ・ミロジェヴィッチは、この最初期の段階を「ドリームタイム」と呼び、彼女もまた「永遠の今」と呼んでいる。

初期の狩猟採集民、遊牧民、洞窟の住人たちは、氷河期まで、そして氷河期を含めて、自然に非常に近いところで生活しており、ゲプサーが魔術的意識と呼ぶものを経験していた。ゲプサーは彼らの時間意識を「タイムレスネス（非時限性）」と呼び、現代人の私たちが音楽を聴いたり、至福の体験をしたりするときにも、それを味わうことができると主張した。バーバラ・アダムは、人類が魔術的意識におけるような全体への埋没と一体感の中で生きていたこの太古の時代を指して、「時間性以前の時代（a time before temporality）」という言葉を使っている。

魔術的意識から神話的意識への移行は、遊牧民の生活から定住した農村や世界最初の都市への移行と一致していた。神話的意識は、複雑な神話や絵文字、天文学、より複雑な社会集団を可能にする言語システムの発達と関連している。ゲプサーはこの神話時代の時間意識を「リズム的／循環的」と呼んでいる。マシーニもこれに同意し、仏教やヒンドゥー教の文化の神話に見られる循環的な時間観に言及している。

ゲプサーらは、精神的・合理的意識の起源を、偉大な哲学者たちが活躍した古代ギリシャ時代の中に見いだしている。それはアルファベット文字、哲学、数学、公的エリート教育、公的法制度を通じて知的・文化的飛躍をもたらした。ゲプサー、シュタイナー、ウィルバーはみな、この時代における直線的な時間の概念の始まりと、それに関連した、今日私たちが抱いている未来に対する既成概念の始まりに言及している。マシーニの直線的な時間の概念もまた、グレコ・ローマン時代に生まれ、矢印で象徴されている。それは後に科学技術の発達した近代における進歩を表すようになった。彼女はまた、一九七〇年代のローマクラブのレポート『成長の限界』をきっかけに、直線的な時間が常に進歩と結び付いているという考え方が崩壊したと指摘している。

ゲプサーが統合的と呼ぶ第五のタイプの意識は、ルネサンスとともに現れ始め、科学、哲学、人権の進歩を通じて、個人と文化の中で徐々に強まっている。それは、発達心理学者によって特定された高次の推論様式の発達と類似している。最も高度に進化したゲプサーの統合的意識は、最も高度に進化した時間意識と関連している。ゲプサーはこれを「時間の自由（time freedom）」あるいは「時間の結集（concretion of time）」と呼び、私たちは文化的な時間感覚を一つだけに制限されるのではなく、すべての異なる時間感覚を経験することができる。マシーニの最も進化した時間意識は、円と矢印を統合した螺旋によって象徴される。同時に、システム科学者で意識研究者のエルヴィン・ラースローの研究を参考にしている。こうした進化する時間性は、何千年にもわたって未来に対する私たちの知覚を変えてきた。統合的意識に関連付けられた新たな時間感覚は、明日の私たちの未来意識を形作るだろう。

預言者、巫女、そして占術

紀元前一〇〇〇年頃から、ユダヤ・キリスト教文化圏やペルシャ文化圏では、文化的指導者の主要な人物は預言者と呼ばれていた。「預言者（prophet）」という言葉は、「予言者（forespeaker）」（ギリシャ語）、「他人の代理人、口利き（delegate）」（ヘブライ語）を意味する。これらの時代には、未来は神の手の中にあると信じられていた。未来は神の計画の一部としてあらかじめ定められていた。神の啓示を聞き、仲介することができると人々が信じていた預言者たちは、大きな力を持っていた。彼らは民衆の指導者であると考えられていた。

古代ペルシャでは、預言者ゾロアスター（ツァラトゥストラ）（紀元前六二八年頃〜紀元前五五一年頃）が民衆の指導者であり、ゾロアスター教の創始者でもあった。ゾロアスターは、指導者、預言者、宗教／神／精霊の密接な関係を象徴している。イスラム教もまた、その千年以上後に誕生したとき、その指導者に預言者の称号を与えた。

預言が占いと占い師（seership）から生まれたヘブライ語では、神（ヤハウェ）の使者としての預言者の主な役割は、預言を告げることだった。彼らが預言で成功するかどうかは、神の啓示を受ける能力に左右される。それは、市民的、宗教的指導者として、その社会で統合された役割も果たしていた初期の預言者たちにとって極めて重要だった。前一〇〇〇年頃から、預言者のギルドが形成され、活動的な政治家や王のメンターとなった。しかし、すべての預言者が王たちの聞きたいことを話したわけではない。後世の雄弁な預言者たちの中には、王が道徳的・倫理的な適格性を欠いているとして、その責任を問う反乱活動家もいた。そのような急進的な改革者の一人が預言者エリヤであり、「権力に対し真実を語る」勇気を必要とする今日の批判的未来思想家の原型である。最も有名なユダヤの預言者は、アブラハム、イサク、ヤコブ、モーセといった男性である。しかし、タルムード（ユダヤの口伝律法の書）では七人の女性の名前が挙げられており、サラの預言能力はより有名な夫アブラハムよりも優れていたと伝えられている。皮肉なことに、アルビン・トフラーが『未来学者』（一九七二年）を出版したとき、彼の二十二人の未来学者の中に女性はマーガレット・ミードただ一人しか含まれていなかった。しかし、彼は自分の妻ハイジを含め、何人かの著者の妻がしばしば共著者であったことを認めている。

巫女シビュラが神託者であった古代ギリシャでは、女性は未来においてより支配的な役割を担っていた。預言者と同様に、シビュラは神の啓示に直接通信できると信じられ、その託宣や預言は、当時の文化の中で非常に尊重されていた。これらのシビュラの神託の原典は、大きな危機の際に参照されるよう、寺院に集められ、守られていた。これらの神託をめぐっては論争が絶えない。というのも、ユダヤ教徒もキリスト教徒も、原典と混同されかねない似たような文章を後世に書いたからである。本来のシビュラはキリスト教以前の異教時代の人物だが、ミケランジェロはシスティーナ礼拝堂の大フレスコ画によって五人のシビュラ（デルポイ、クーマエ、リビア、ペルシャ、エリュトライのシビュラ）を不朽のものとした。シビュラはしばしば、キリストの到来を最初に預言したと信じられている。ミケランジェロは、シビュラたちを贖《あがな》い主の到来を最初に感じた者として描き、預言と霊的救済を結び付けた。この時代の未来への呼びかけは、霊験あらたかな呼びかけだった。

アブラハムやその他の宗教の人々が、神と、人間や王の出来事とを取り持つ人間的な仲介に重きを置いていたのに対し、中国人は主に無生物を介して普遍的な法則を解釈し、「未来を読む」ことをしていた。紀元前一二〇〇年頃には、殷王朝のシャーマンが預言を送るために、神託の骨にメッセージを書いていた。それよりずっと後だが、似たような原理に従い、バイキングは自分たちの未来を占うためにルーン文字を刻んだ切片を投げていた。中世ヨーロッパでは、占いはまだその時代の流行だった。タロットカードは十五世紀半ばのフランスで登場したが、未来を占うために使われるようになったのは、逆説的だが近代科学が興った十八世紀になってからである。

プラトンとレオナルド・ダ・ヴィンチの間

紀元前一千年紀の中頃、ギリシャとローマでは、預言者やシビュラからのメッセージによる神々への依存から、人間を中心としたユートピア観への移行が始まった。サージェントは『ユートピア主義』の中で、「プラトンやウェルギリウス（紀元前七〇－一九）のギリシャ・ローマのユートピアは、人間が創造した社会に言及していたのに対しそれ以前のユートピア的古典神話は、過去の空想的黄金時代を振り返っていた」と述べている。

このユートピアの伝統の一派は、より現実的であり、自然や神々に頼るのではなく、十分な食糧、住居、衣服や安全といった問題を解決する人間に焦点を当てているため、人々に希望を与える。

プラトンの『国家』（紀元前三八〇年）は、教育、社会における女性と男性の役割の問題を取り上げ、哲学者たる王によって統治される理想的な調和国家を提示している。サージェントはこれを「理想社会の最たる近似」と表現している。サージェントは、「より良い世界は、単に神々からの贈り物というよりも、人間の活動に基づいている」というウェルギリウスのアルカディアのイメージについても同様の指摘をしている。さらに彼は、ウェルギリウスの『牧歌第四歌』は、過去の黄金時代から未来への転換を示すものだと主張する。

古代ローマでは、過去と未来とのより明確な区別が定着しつつあった。ド・ジュヴネルによれば、ローマの哲学者マルクス・トゥリウス・キケロ（紀元前一〇六―四三）は、「事実：すでに達成され、確固として捉えられるもの」と「未来：これから実現されるもので、まだ〝なされていない〟もの」との間に重要な区別をつけた。ド・ジュヴネルはさらに、「未来は〝真か偽か〟の領域ではなく、〝可能性〟の領域である」、つまり「未来可能性」と彼が呼ぶものであるため、未来の科学はあり得ないと主張した。時間の理論家は、ド・ジュヴネルが事実と未来の概念を単純化し過ぎていると批判するかもしれないが、その概念は彼の推論技術において、より広い意味性を持つ概念への出発点に過ぎなかった。

ヨハン・ガルトゥングとソハイル・イナヤトゥラは、中国の哲学者司馬遷（紀元前一四五―九〇）を三十年、百年、三百年、千年に及ぶ五行の循環をチャートで示した最初の未来学者の一人として紹介している。驚くべきことに、司馬遷とキケロは、わずか数年違いの著作でありながら、循環的時間から直線的時間への世界観の転換の両面を表している。

いわゆる暗黒時代と中世の間、未来を理解しようとする人類の旅路には、わずかな道標しか見いだせない。比較的黎明期にあった直線的な時間の概念の中で、ユートピア的なビジョンを最初に打ち出したのは、キリスト教の神学者であり哲学者でもあった聖アウレリウス・アウグスティヌス（三五四―四三〇）で、彼は四二六年に『神の国』を著した。アウグスティヌスは当時のキリスト教の教えから、愛に基づくユートピア的な未来社会を提唱した。

次の重要なユートピア的空想家が現れるまで、数百年が経過した。十二世紀後半、シチリアの修道院長で神秘主義者のフィオーレのヨアキム（一一三五―一二〇二）は、地上に第三の偉大な時代が到来するという預言を展開した。彼は、地球が霊的な行為の場となる第三の時代が一二六〇年に始まると預言した。オランダの社会学者で政治家のフレッド・ポラックは、『未来像』（一九五五年）の中で、アウグスティヌスとヨアキムの対照的な未来概念について重要な洞察を示している。ポラックの見解では、アウグスティヌスのユートピアは、世界を天国のような形にまで高めて作り変えようとするプラトン的な理想であり、世界を霊化して神の国にしようとするものである。

アウグスティヌスの未来へのアプローチでは、人間は超越的な神と強力な教会を前にして受動的であった。対照的に、ヨアキムの第三の時代では、人間は自らの行動を通して地上を変革する責任を負う。ヨアキムのアプローチは、ヨーロッパの托鉢修道士の同胞団にインスピレーションを与え、「社会的ユートピズムとユートピア的社会主義」をもたらした。
皮肉なことに、ヨアキムが地上の第三の時代の始まりを提唱した一二六〇年に、イギリスの哲学者で修道士かつ数学者のロジャー・ベーコン（一二二〇頃―一二九二）が『芸術と自然の秘密の働きと魔法の虚栄心に関する手紙』を出版した（四百年後のフランシス・ベーコンではない）。ロジャー・ベーコンは文献において見過ごされがちだが、科学的知識がいつかモーターカー、ヘリコプター、自走式船の発明につながることを予見していた。クラークの『期待のパターン一六四四―二〇〇一』に引用されているベーコンの『手紙』からの抜粋をここに掲載する。

……動物がいなくても信じられないほどの速さで移動できるような自動車がつくられる……。また、人間が機械の中に座り、飛んでいる鳥のように人工の翼が空気を打つ原理でエンジンを回転させる、飛行機械もつくることができる。

ロジャー・ベーコンの科学的著作は十九世紀に再評価され、フランシス・ベーコンの実験法の発展に対する先駆者と見なされている。しかし、彼の『手紙』は、科学的著作というよりも、錬金術的著作の範疇に入る。私はこれをSFの原型と見ている。
ロジャー・ベーコンから一世紀後、北アフリカのアラブ人歴史家イブン・ハルドゥーン

（一三三二―一四〇六）は『歴史序説』（一三七七年）を出版した。歴史家の話によれば、そこには遊牧民の征服、統合、浪費、退廃、さらなる征服というパターンをたどる社会変化の循環理論が含まれていた。未来が進歩の場なのか衰退の場なのか、あるいは単に繰り返される循環なのかは、二十一世紀の現在もなお話題を呼んでいる。

ルネサンスの未来

ルネサンスは、根本的に異なる未来を指し示す、思考と文化の革命を象徴するものであった。ルネサンス期は、十四世紀後半から十七世紀にかけて、ヨーロッパにおける芸術と文学の偉大な創造性の長い期間だった。レオナルド・ダ・ヴィンチ（一四五二―一五一九）は、十五世紀末までに、飛行機械や戦争機械の包括的な図面や模型を制作した、初期の重要な未来先見者である。一四八八年からの十年間、彼は、ミラノを襲ったペストへの対応として、理想都市の包括的なモデルを開発した。レオナルドの理想都市には、広い道路、建物内の新鮮な空気の吹き出し口、病気の蔓延を防ぐ地下衛生設備などのインフラが盛り込まれていたが、その設計の壮大なスケールは当時、建設するには大き過ぎた。ダ・ヴィンチはルネサンス期の未来学者であり、そのビジョンは数世紀後の革新的な建造物の原型となった。

ルネサンスと並行して、スペイン、ポルトガル、イギリス、フランス、オランダによる海洋探検の大航海時代があった。これらの探検家たちは、王や女王のために領土を求め、大西洋、インド洋、太平洋とヨーロッパを越えて海を渡った。フランスの哲学者エドガール・モランは、これを「惑星の時代」の始まりと呼んでいる。これは、ヨーロッパによる世界の他地域に対する植民地化の始まりであり、一六〇〇年代初頭のイギリス東インド会社やオランダ東インド会社といった最初の多国籍企業の設立によるグローバリゼーションの始まりでもあった。

このような未知の世界に対する探検精神が、ユートピア作家たちに、再出発によって生活を改善できる他の土地を想像させたのだろう。この時代のユートピアは、後の未来の時代ではなく、別の場所のユートピアである。最もよく知られたユートピア物語は、トマス・モアの『ユートピア』（一五一六年）である。このユートピアは、社会における個人の価値観よりも共同体の価値観が重視される社会主義的ビジョンの先駆けであった。

ノストラダムスの『預言書』（一五五五年）は、多くの人が科学として確立しようとしたこの分野に嘲笑をもたらすことを恐れたためか、しばしば未来史から省かれている。ノストラダムスの想像力豊かな預言とは対照的に、ニコラウス・コペルニクス（一四七三–一五四三）は一五四三年に『天球の回転について』を発表し、「コペルニクス的転回」と呼ばれる天動説から地動説へ思考の大転換を起こした。おそらく教会から異端視されることを予期して、死の直前まで出版を待ったのだろう。彼の出版は、「新しい天文学」と呼ばれる科学革命を起こしたと言われている。

一五八九年、スペインの神学者ルイス・デ・モリナ（一五三五–一六〇〇）は、未来に関する自由意志対決定論という何世紀にもわたる神学論争に参戦した。デ・モリナは著書『コンコルディア』第四部「神の予知について」の中で、神によって完全に決定されるものでも、人間にとって完全に自由なものでもなく、神が仮に知り得る人間の偶発的で可能な形で存在する「未来」(futura) という概念を提唱した。この議論は複雑過ぎるため詳細は省くが、デ・モリナは後の思想に確かに影響を与えた。

モアから一世紀後、イタリアの哲学者でドミニコ会修道士のトマソ・カンパネッラ(一五六八—一六三九)は『太陽の都』(一六〇二年)を出版した。この物語は、聖ヨハネ騎士団のグランドマスターと、客人であるジェノヴァ人の船長との対話として語られる。物語は、大きな丘の上に築かれ、七つの巨大な円に分割された都市の物理的な描写から始まる。描写が進むにつれて、アウグスティヌスの『神の国』からインスピレーションを得たと思われる、秘教的な色彩を帯びるようになる。前近代的な考え方は、グランドマスターが来たるべき時代について占星術師の見解を述べる最後の部分で明らかになる。

ああ、占星術師たちが、来たるべき時代について、そして私たちの時代について、何を言っているのか知っていたら、それは百年以内に、全世界が四千年前に経験した以上の歴史を持つ時代だということだ! 印刷や銃、磁石の使用といった素晴しい発明について、そしてそれがすべて、水星、火星、月、蠍座から生まれるということを!

中世のユートピアはしばしば宗教的価値観と結び付いていたが、多くの場合、教会は著者らを迫害した。例えば、カンパネッラはその異端的な見解のために二十七年間を獄中で過ごしたが、皮肉なことにそこでほとんどの作品を書いた。処刑されたモアよりはましだった。

未来への最初の科学的提案

十六世紀から十七世紀にかけて、ルネサンスの芸術的刷新と革新、ヨーロッパ人による他国の探検と植民地化、神話的・宗教的ビジョンから近代科学に触発された未来的ビジョンへの移行など、世界中で大きな変革が起こっていた。科学革命と啓蒙思想の時代は、科学的で合理的な未来への第一歩となった。

イギリスの科学者フランシス・ベーコン（一五六一―一六二六）の『ニュー・アトランティス』は、彼の死の翌年、一六二七年に出版された。帰納による科学的な手法を編み出したことから、ベーコンはしばしば「経験論の父」と呼ばれる。ベーコンのビジョンは、それ以前の未来的な語りよりも科学的なアプローチをとっている。それは、アウグスティヌスやカンパネッラの理想的で霊化されたビジョンに幸福を求めた中世の展望から、近代科学と人類の進歩の可能性を信じる世界観への移行を示すものである。彼のビジョンには、人間の資質に関する理想主義的な見解や、近代的な研究大学を生み出した啓蒙主義を予見させる国営の研究カレッジが含まれていた。

ベーコンのユートピア、『ニュー・アトランティス』の発表後ほどなくして、ルネ・デカルトは『方法序説』(一六三七年)を出版し、その中で有名な「コギト・エルゴ・スム(Cogito, ergo sum; 我思う、ゆえに我あり)」という金言が登場する。デカルトの「心身二元論」は、いわゆるデカルト合理主義(あるいはフランス合理主義)を確立し、フランス啓蒙思想に影響を与えた。

コペルニクス、ヨハネス・ケプラー、ガリレオ・ガリレイの新しい天文学の著作は、地球の彼方に月や他の惑星を見はるかす未来小説の胎動を刺激した。イギリスの司教フランシス・ゴドウィンのファンタジー物語『月の男』(一六三八年、死後に出版)は、しばしば最初のSF作品の一つに数えられる(図3参照)。地上のユートピアのようなものから始まったこの物語は、主人公が大きな野生の白鳥を動力源とする飛行機械を造り、それを使って彼をほんの十二日間で月まで運ぶというファンタジーへと発展していく。

より現実的なところでは、イギリスの科学者ロバート・ボイルが『ボイルのウィッシュリスト』(一六六二年)として知られる二十四の科学的予測を書いた。一六九七年には、ドイツの哲学者で碩学のゴットフリート・ヴィルヘルム・ライプニッツは『事物の根本的起源』を出版し、ドイツ観念論の意識進化に関する論考とダーウィンの生物進化論のいずれをも予見させる進化論を提唱した。

フランスの作家ベルナール・ル・ボヴィエ・ド・フォントネル(一六五七―一七五七)は、ゴド

図3　フランシス・ゴドウィンの『月の男』表紙絵、1768年。『ドミンゴ・ゴンサレスの月世界への奇妙な航海と冒険』のイラスト。

ウィンの流れを汲み、『世界の複数性についての対話』（一六八六年）を出版した。彼がトランスヒューマニストの先駆者の一人に挙げられていないことは驚きである。翌年、アイザック・ニュートンは『自然哲学の数学的原理』で知られる『プリンキピア』（一六八七年）を出版し、近代科学の濫觴となった。

この一連の急速な発展は、近代科学と啓蒙主義の合理性が、教会や中世的（あるいはヘルメス主義的）な占星術や錬金術の科学が定めたルールに、取って代わることを意味した。それは、理性と科学のルールによって決定される未来の時代の始まりだった。近代科学とヘルメス科学の間の緊張関係は、「近代科学の父」であり最後の偉大な錬金術師でもあったアイザック・ニュートンや、「経験論の父」でありイギリスにおける薔薇十字団運動の指導者でもあったフランシス・ベーコンにおいて、顕著に見られる。

啓蒙思想

十八世紀はヨーロッパ啓蒙主義の時代であり、その後何世紀にもわたって合理的な哲学と知識理論の基礎を形成する重要な著作が出版された。その中でも、特に人類の未来観に影響を与えた優れた著作がいくつかある。

『書簡集』（一七五二年）の中で「記憶と予見」について書いたフランスの数学者で哲学者のピエール・ルイ・モロー・ド・モーペルテュイによる未来思考への重要な貢献に、ベルトラン・ド・ジュヴネルは目を向ける。ド・ジュヴネルは「一方は過去を辿ることであり、他方は未来を見通すことである」というモーペルテュイの言葉を引用している。その他、フランスの哲学者ドゥニ・ディドロが二十年の歳月をかけて編纂した最初の『百科全書』（一七五一―七二年）、それに続くドイツの哲学者イマヌエル・カント（一七二四―一八〇四）による『純粋理性批判』（一七八一年）が有名である。ジャン＝ジャック・ルソーは『社会契約論』（一七六二年）を発表し、庶民がルール作りに全面的に参加する社会、つまり参画型民主主義の初期の形を、ユートピアとして描いた。フランスの作家ルイ＝セバスチャン・メルシエはユートピア小説『二四四〇年』（一七七〇年）を発表し、「平和な国家、立憲君主、普遍的な教育、技術の進歩」という彼の世界は、ベーコンの『ニュー・アトランティス』の延長線上にあった。クラークは、メルシエを「人類と科学の論理が組み合わされれば、必ず地球全体に調和と協力がもたらされる」との信条の楽観主義者と評した。

科学の進歩は、一七八三年にパリにおける最初の気球打ち上げにつながり、ヨーロッパの未来に対する心理に変化をもたらした。モンゴルフィエによる気球のイベント（図4a参照）を契機として、来たるべきテクノロジーの進歩に関するイメージ、特に人間がさまざまな形で空を飛ぶイメージ（図4b参照）が急速に広まった。この斬新な科学的発明によって、人類はついに空を支配できるようになったのである。この新しいジャンルは、フランス語では「未来の小説（roman de l'avenir）」、英語では「未来の物語（the tale of futurity）」、ドイツ語では「未来の小説

Grande Notice 1786

図 4a　モンゴルフィエの気球、1783 年。パリで最初の気球が打ち上げられたときのイラスト。

図 4b　フランスの幻想的な飛行イメージ、1900 年。2003-4 年に「飛行の夢」として展示された、前世紀のフランスのユートピア的飛行機械。素晴らしい空中空想飛行。

(Zukunftsroman)」と呼ばれた。

十八世紀後半は、グローバル社会全体が政治的・社会的に大きく揺れ動いた時代であった。イギリスの産業革命（一七六〇年頃）に続き、アメリカ革命（一七七五–八三）、そしてフランス革命（一七八九–九九）が起こった。それぞれ社会における未来像に劇的な影響を与え、さらに広い世界へと広がっていった。

この十八世紀半ばには、今日私たちが目にする二つの対照的な未来、すなわち人間中心の未来とテクノトピアの未来へと向かう種を蒔く重要な理論が生まれた。ラ・メトリによる人間の本質の機械的な見方に影響を受けた出版物、テュルゴ、ド・コンドルセ、ドイツの観念論やロマン主義の人間進歩論については、この闘争に充てられた章（第五章）で述べる。

十八世紀最後の十年間は、ドイツではハイ（High）・ロマン主義時代と呼ばれ、観念論・ロマン主義の哲学者たちがフランス革命の影響を受けて積極的に活動した。ゲーテは『ヴィルヘルム・マイスターの修業時代』（一七九六年）を出版し、ビルドゥングスロマン（教養小説）というジャンルを確立した。シェリングは『超越論的観念論の体系』（一八〇〇年）を出版し、意識的進化に関する見解を取り入れた。これらの哲学者は、人間の進歩や文化的・知的未来に関する人文主義的な考え方の台頭に多大な貢献をした。彼らは今日でも、思考や意識の未来に関する理論に多大な影響を及ぼしている。

しかし、科学技術の偉大な進歩、哲学的覚醒、ポスト植民地革命、そしてテクノ・ユートピア未来小説のヨーロッパ全土での大流行という、まさにこの頭でっかちの世紀の終わりに、無限の進歩の夢に、最初の亀裂が入り始めた。クラークはユートピアとディストピアの隆替を、次の言葉で非常に雄弁に表現している。

未来の物語は極端な文学作品になりがちである……社会的無謬性のビジョン、恐ろしい戦争の予測、あるいは人間の力に関する突飛な空想の中で、希望と恐怖の曲線を論理的な帰結に沿ってたどることによって。

進歩の暗黒面

産業革命がヨーロッパ大陸に広がる寸前、ロンドンで『人口論』（一七九八年）という出版物が刊行された。最初は匿名で出版されたが、すぐに著者がイギリスの聖職者トーマス・マルサスであることが判明した。マルサスは、ゴドウィン、メルシエ、ド・コンドルセの楽観的なユートピア論や、テュルゴの進歩論に批判的な疑問を投げかけた。マルサスは哲学的ディストピア論者であり、いわゆる無限の進歩と繁栄は深刻な問題をもたらすと主張した。彼の理論は、指数関数的な人口増加が、人間の生存に必要な資源を奪う人口過多のディストピア的未来をもたらすと提起した。マルサスは、後にマルサス派として知られるようになる悲観的なグループにインスピレーションを与えた。

産業革命がヨーロッパに定着したことと相まって、マルサスの理論は人類の将来に対する不安を煽った。未来小説の重点は、技術的楽観主義から、人類の存続そのものに対する疑問や恐怖へと劇的に変化した。十九世紀前半の三十年間には、「最後の人間」をテーマにした黙示録的な小説や芸術という新しいジャンルが出現した。イギリスの研究者キャサリン・レッドフォードによれば、最初の作品はジャン゠バティスト・クザン・ド・グランヴィルの『最後の人』（一八〇五年）である。バイロン卿やトーマス・キャンベルもこのテーマで書いたが、最もよく知られているのはメアリ・ウルストンクラフト・シェリーの『最後のひとり』（一八二六年）である。逆説的だが、最後の人間の物語が急増する直前、フランスの作家ニコラ・レチフ・ド・ラ・ブルトンヌが『死後』（一八〇二年）を発表し、小説で初めて「スーパーマン」の概念を取り入れた。

十九世紀半ばになると、ドイツの主要なロマン主義哲学者たちが亡くなり、フランス、ドイツ、イギリスの文学はロマン主義的な流れから、より現実的な未来へのアプローチへと変わっていった。一八三〇年代から一八六〇年代にかけて、社会学の創始者オーギュスト・コントは社会進化論と実証主義を展開した。ウェンデル・ベルは、コントによる社会変化のメタパターンの議論が、学問分野としての未来学を予見させたと指摘している。

カール・マルクスとフリードリヒ・エンゲルスは、階級闘争を超えた共産主義社会を理想とする政治パンフレット『共産党宣言』（一八四八年）を発表した。マルクスは未来について、ユートピア主義者を非難し、自らのユートピア的意図も否定するという、逆説的で物議を醸す考え方をしていた。しかし、ベルが指摘するように、「『宣言』は人類史上最も影響力のあるユートピア思想の一つ」と多くの人々に見なされている。

ダーウィンは生物学的進化論について『種の起源』（一八五九年）を出版した。一八七〇年代のハーバート・スペンサーの社会工学理論は、コントの社会進化論、マルクスの社会経済イデオロギー、ダーウィンの進化論に影響を受けている。コントとスペンサーの社会工学は、自然淘汰と適者生存の生物学的概念を社会学と政治学に応用したもので、欧州や米国で人気を博していた。

SFと初期の予測

十九世紀後半になると、人類の普遍的な進歩に対する信念が再確認された。進化論、科学的発明の勝利、唯物論の賛美に後押しされ、終わりなき変化という考え方が社会で心理社会的に受け入れられつつあった。「コルヌコピア主義」は、豊かさとあふれる富の象徴である「コルヌコピア（豊穣の角）」からその名を取り、マルサスに対抗して登場した。コルヌコピア主義とは、未来に対する奔放な楽観主義であり、テクノロジーが社会のあらゆる要求を満たすという信条に基づいている。リンジー・グラントによれば、コルヌコピア主義者は、人口増加はそれ自体が解決してくれるから良いことだ、あるいは不足はテクノロジーによって解消できる、と主張した。彼らの理論は、マルサスの人口予測は、問題を克服するための科学的発明における指数関数的成長の可能性を十分に考慮していないというものだった。

こうした哲学的な考え方は、ユートピアとディストピアの両方の物語を含むようになった新しい形のSFに統合されていった。その後数十年間、未来の物語の主流となった新しいジャンルがSFである。一八七〇年代には、ジュール・ヴェルヌのエコロジカルなユートピア『海底二万里』（一八七〇年）、ジョージ・トムキンズ・チェズニーのディストピアSF小説『ドーキングの戦い』（一八七一年）、エドワード・ブルワー＝リットンの『ヴリル』（一八七一年）など、傑出した作品が相次いで発表された。これらはいずれも、SFというジャンルの誕生に貢献したとされている。

その数年後、エドワード・ベラミー（一八五〇–九八）は社会主義小説『顧りみれば』（一八八八年）を発表した。ウィリアム・モリスが『ユートピアだより』を出版したのは、ベラミーが提唱したユートピア社会主義に対抗するためでもあった。モリスは、労働時間を定量的に削減することよりも、労働の質を変化させ、より有用で創造的、芸術的なものにすることに重点を置いていた。

世紀末には、H・G・ウェルズが『タイムマシン』を出版した。十年も経たないうちに、ウェルズは「真のSF」の重要な作家としての地位を確立した。SFに加え、社会の再構成に関するより真剣な考え方が生まれ、より形式的な種類の予測が始まった。ウェルズはその最前線にいた。ウェルズは近代的な社会技術予測に取り組み、それが完全に確立されるまでさらに五十年を要した。

少なくとも一世紀は、未来小説が人間の心理の中に埋め込まれ、技術的・科学的進歩に触発され、進歩の理論に縛られながら、新しい種類の予測が生まれ始めていた。一八九〇年から一九一四年の〔第一次世界大戦の〕宣戦布告までの二十五年間、新聞や雑誌にはあらゆるテーマに関する予測が掲載された。欧州や米国では何十冊もの本が出版されたが、そのほとんどは技術楽観主義に満ちていた。二十世紀初頭には、欧州のマリア・モンテッソーリやルドルフ・シュタイナー、米国のジョン・デューイなどによって、未来志向の先駆的な教育アプローチが開発された。また、根本的に新しい科学的、哲学的な考え方も登場した。アルベルト・アインシュタインやマックス・プランクといった一流の物理学者や、アルフレッド・ノース・ホワイトヘッドやアンリ・ベルクソンといった哲学者たちは、直線的な時間の概念を覆した。相対性理論、量子力学、プロセス哲学、時間の多重性など、彼らの新しい理論は、時間の自由という感覚を提供し、私たちが自らの時間と未来を選択する力を与えてくれる。

コントとスペンサーの社会ダーウィニズムは、奴隷制度、植民地主義、民族虐殺、全体主義的優生学の恐怖など、多くの人種差別的、民族中心主義的な社会的虐待を正当化するために使われた後、社会科学者から攻撃されるようになった。二十世紀初頭の文化人類学者は、こうしたモデルに対する強力な批判を展開した。彼らの批判には、社会工学的イデオロギーは民族中心主義的であり、一元的であり、保全よりも進歩を優先させるという主張が含まれていた。

戦争が勃発すると突然、明らかにディストピア的な展開が始まった。十九世紀の技術楽観主義を否定し、進歩の物語に真剣に疑問を投げかける新世代の未来学者が現れたのだ。バラ色の未来を描くユートピアの眼鏡は真っ黒く変色し、ディストピア小説というジャンルが生まれた。技術文明が直面する危険について警鐘を鳴らし、人類が兵器を発明して使用し、人類を絶滅させるのではないかという恐怖に満ちた小説である。ジョン・スチュアート・ミル（一八〇六—七三）は一八六八年に英国議会でディストピアという言葉を作ったが、ディストピア文学というジャンルが本格的に始まったのは二十世紀に入ってからである。

グレゴリー・クレイスは、『ケンブリッジ版　ユートピア文学必携』のディストピアの起源に関する章の冒頭で、「不思議の国の悪意」という副題を付け、十九世紀後半から二十世紀半ばにかけてのディストピア的転回についての議論を予告している。彼は、ディストピアがユートピアの理想の主要な表現になったと主張し、これを全体主義体制の失敗と結び付けている。ディストピア小説の時代は、いわゆるユートピアの幻視的な物語を包含していたが、それは統制への執着によってディストピアに転化した。第一次世界大戦後の小説は明らかにディストピア的で、さらなる大危機が迫っているという恐怖と不安を象徴していた。一世紀前の「最後の人間」ジャンルのように、最後の破局が近づいているという恐怖が再び呼び起こされたのだ。この時期の著名なディストピア小説には、シシーリー・ハミルトンの『死なないように』（一九二八年）、オルダス・ハクスリーの『素晴らしい世界』（一九三二年）、H・G・ウェルズの『人類の運命』（一九三九年）などがある。

第一次世界大戦後、未来はまた、より広範な職業の関心を集めるテーマとなった。一九二三年から約十年間、イギリスの出版社ケーガン・ポール・トレンチ・トラブナーは、『トゥデイ・アンド・トゥモロウ』（*To-day and To-morrow*）と呼ばれる革新的な小冊子シリーズを手掛けた。モノグラフスタイルのこれらの簡潔な研究論文は百冊以上出版され、科学、技術、社会の現状を描き出していた。その意図は、次の百年について、主として進歩的な長期の未来像を予測することにあった。このシリーズは戦前の楽観的な時代の後に生まれたため、未来を不安視する戦後の時代を反映していた。研究論文の中には、この生物学的、技術的、社会学的不安に伴う論争を表現したものもあった。著者には、科学者、哲学者、詩人、小説家、社会学者、神学者など、あらゆる分野の人々が名を連ね、その多くはそれぞれの分野で有名になった。その最初のシリーズが、イギリスの科学者J・B・S・ホールデンによる『ダイダロス、あるいは科学と未来』（一九二三年）である。この本は、トランスヒューマニストの間で、重要なテキストとして参照されている。

戦争計画か、平和創造か？

第一次世界大戦を受け、ハーバート・フーバー米大統領は一九二九年、ウィリアム・F・オグバーンを委員長とする「社会動向調査委員会」を設置した。オグバーンは、過去の統計を使って傾向を計ることで、将来を推定する技術評価の先駆者であり、最初の報告書『アメリカの最近の社会動向』を作成した。フーバーが主導する一年前の一九二八年、ソ連は五カ年計画を開始し、それは一九九一年のソ連崩壊まで続いた。一九三三年、ヒトラーはナチス・ドイツで最初の四カ年計画を開始し、賃金、生産、労働条件の管理を含むゲーリング計画がそれに続いた。

計画は世界中の地政学的な思想精神に入り込み、未来を予測したり理解したりする、より複雑な方法を模索するようになった。第二次世界大戦が勃発した一九三九年までには、世界中の国家元首が計画を立てていた。戦後、国家計画はいたるところで花開いた。資本主義者も共産主義者も、戦争への取り組みと密接に結び付いた計画と意思決定のプロセスに、主に予測的な作業を取り入れた。

一九三〇年代から第二次世界大戦の勃発まで、ほとんどの予測はディストピア小説のテーマに沿った破壊と廃頽を予言するものだった。ユートピア社会という単純で単次元の概念は、ヒトラーのイデオロギー的ユートピア主義に内在する危険性が明々白々となった第二次世界大戦の余波を受け、攻撃の対象となった。中世のドラゴンのような単純なディストピア像は、より複雑なディストピアのメタファーに取って代わられた。これらは、ジョージ・オーウェルの『一九八四年』(一九四九年)、アイザック・アシモフの『われはロボット』(一九五〇年)シリーズの短編、レイ・ブラッドベリの『華氏四五一度』(一九五三年)といったSFに見られる。

次の三十年間（一九四〇年代から一九六〇年代）、未来は、軍事の利益に関連する国家計画の焦点となった。フーバー大統領の計画を土台に、ランド研究所は一九四五年、米国の戦争遂行を支援する主要なシンクタンクとして設立された。ランド研究所は、軍事技術、戦略、作戦、共産主義封じ込めの将来についての報告書を作成した。米空軍の出資を受け、軍事・産業目標のための予測・予測手法の開発に重点を置いた最も重要な組織であった。逆説的であるが、軍事重視の支配は不用意にも、平和研究に重点を置く代替機関の台頭という対抗運動を引き起こした。

第二章　増殖する未来

未来を予測したいという衝動

私の未来学の仕事を知っている人の中には、タイトルに「futures」という複数形ではなく、「future」という単数形が使われていることに疑問を抱く人もいるかもしれない。若者を含む多様な文化集団が、自分たちの望む未来を想像し、創造することを奨励することに、私は永続的な関心を抱いているため、単数形の「未来」を使うという出版社の提案を受け入れることは当初、私にとって挑戦だった。よく考えてみると、未来という単数形の概念が本質的にいかに権力を伴うものであるかを明確にできるため、私はこの挑戦を受けて立った。また、一九六〇年代に複数の未来という概念が出現したことを明確にし、未来の民主化にとってなぜ多元主義が重要なのかを説明することにもつながる。

日常的な言葉では、未来は単一であるかのように語られるかもしれない。しかし、これには概念的な意味合いと政治的な意味合いがある。未来を複数化することで、現状に代わる未来を構想し、創造することが可能となる。未来学の理論と実践が、今日、さまざまな地理的地域でどのように展開されているのか、また、この分野が世界中の学者、実務家、研究者によってどのように多様に表現されているのかを探求するための概念的な空間が生まれるのである。

歴史家のジェニー・アンダーソンは、未来を飼い馴らし、一般的な予測理論によって未来を管理下に置こうとする探求を、冷戦初期から一九五〇年代、一九六〇年代までの間に位置づけた。彼女は、ランド研究所が「主に数学的手法に基づき、新たに獲得したコンピュータの能力に依存した、多様な予測技術」を開発することによって、予測科学を完成させようと専念していることに言及する。エグレ・リンゼヴィシウテとの二〇一五年の共著『未来の助産婦たち』の序文で、アンダーソンは次のように説明している。

ランド研究所は、冷戦時代の認識論的兵器を構築した。これらの技術は、それまでの知識が通用しない中で、仮想実験や「合成的事実」の形式を通じて、敵の将来の行動を明らかにするために用いられた。

ドイツ系アメリカ人の哲学者で数学者でもあるニコラス・レシャーは、一九五〇年代にランド研究所で働いていたが、一九九八年に『未来を予測する』を出版した。レシャーはこの本の冒頭で、「予測は未来への唯一の認識経路である」と主張し、冷戦終結から十年近く経ってさえ、未来を予測する探求が健在であることを示唆した。彼はこの本を、予測の一般理論を発展させる試みであると説明し、それを予測理論と言い換えている。未来学者によっては「予測(prediction)」と「予想(forecasting)」を区別する人もいるが、レシャーは同義語であると明確に考えている。デニス・メドウズ、ドネラ・メドウズ夫妻とともにベストセラーとなった『成長の限界』の共著者であるヨルゲン・ランダースは、『二〇五二――今後四十年のグローバル予想』の中で予測という言葉を避け、予想を「教養ある推測」と呼んでいる。

未来予測と科学的実証主義

特にアメリカにおける初期の未来研究は、実証主義の科学理論に影響され、機械論的な（それゆえに予測可能な）人間観を前提として、古典的なニュートン物理学に基づく経験的手法に大きく依存していた。ウェンデル・ベルは、実証主義の中心原理を「科学には科学の統一性という考え方があり、さまざまな科学分野の根底には、基本的に一つの現実世界に関する一つの科学が存在するという信念」と捉えている。

「予測可能な唯一の未来」という考え方は、科学的実証主義のこの中心的な信条と結び付いている。実証主義のもう一つの重要な特徴は、その主張が現実の経験的観察を通じて検証可能であることである。経験主義は実証主義の主要な手法であり、この用語は時に同じ意味で使われる。二十世紀初頭には、経験主義が世界を探究し、知得するための唯一の適切な方法と見なされていた。したがって、初期の未来学者が「未来を予測」するために経験的手法を用いたことは理解できる。彼らは未来研究を科学として確立しようとしていたのである。

ドイツの物理学者、経済学者、社会学者であるロルフ・クライビッチは、フレヒトハイムと共同でベルリンに「未来技術評価研究所」（ＩＺＴ）を設立し、一九八一年から二〇一二年まで同研究所を率いた。クライビッチは『明日の危機のすべて』の中で、単数形未来のアプローチについて次のように述べている。

未来に対する観念は、科学技術産業が生活のあらゆる側面を拡張するという、ただ一つの道筋にますます焦点を合わせるようになった。科学技術によって決定付けられる未来という視野狭窄は、農業、家庭経済、商品やサービスの生産、安全保障、軍事技術、消費パターン、医療制度、さらにはレジャーや文化にまで影響を及ぼした。

未来を研究する予測実証的アプローチは、オグバーン率いるアメリカの社会動向調査委員会に端を発する。ランド研究所や未来研究所のカーン、ゴードン、ヘルマーなどの予測者たちが、その手法を発展させた。一九六〇年代以前から冷戦期を通じて、アメリカとソ連の未来学者たちは、数学、モデリング、シミュレーション、ゲームなどを使った予測手法を開発し続けた。アメリカもソ連も、アンダーソンとリンゼヴィシウテが「ランド手法」と呼ぶものを「冷戦をより予見可能なものにし、それゆえに双方から管理可能なものにする」ために用いた。

マシーニは、このグループの未来学者を「技術的プロセスに基づいて未来学を追究する技術志向」であるとした。ピーター・モールは、これを「予後、計画、技術、経済予測を重視する」

適合主義的な外挿的アプローチと呼んでいる。スローターはこのアプローチを「経験的／分析的」という言葉で表現している。

予測的・経験的アプローチの強みは、その知覚的客観性と価値観の中立性にある。反対に弱点としては、焦点の絞り込みと文脈認識の欠如が挙げられる。また、トレンドは必然的なものであり、そのトレンドがネガティブなものである場合には、無力化されかねないことを示唆している。

ド・ジュヴネルは『予測の技術』（一九六四年）の中で、「歴史的予測」と「科学的予測」を区別している。ド・ジュヴネルにとっての科学的予測とは、物理科学にふさわしい方法の中核をなすものである。すなわち、「科学と技術の進歩は、このように予測のコーパスを積み上げていくことにほかならない」。実験室での実験を繰り返し、変数をコントロールする体系的な実践は、仮説の証明と理論の予測可能性を確立することである。

ド・ジュヴネルはさらに、科学的予測における不確実性についても言及し、天気予報でさえ、一日以上先の安全な予測は困難だと主張した。一九六〇年代以降、気象予測は改善されたと言えるが、二十一世紀になってもハリケーンや津波、鉄砲水が私たちを襲う可能性があるのも事実だ。長期的な気候変動に関し、私たちは過去について多くのことを知っている。それに基づいて、炭素排出量の継続的な増加が地球温暖化を促進し、大規模な気候危機を引き起こすということを、合理的な信頼性をもって外挿できる。また、環境、特に海面上昇による沿岸環境への被害について、どのような被害がもたらされるかを推定することもできる。しかしながら、気候変動による特定地域での雨や干ばつの増減を確実に予測することはできない。気候変動は科学的に研究可能ではあるが、その複雑さゆえに詳細な予測は現状不可能である。明確な予測ができない以上、また、気候危機が放置されることによって引き起こされる可能性のある被害の甚大さゆえに、私たちは予防原則を採用する必要がある。予防原則は、ＥＵによって次のように定義されている。

人間の活動が、科学的にはもっともらしいが不確実な、道徳的に受け入れがたい害をもたらす可能性がある場合、その害を回避または減少させるための行動をとらなければならない。

ド・ジュヴネルは人間の行動に関して、科学的予測と歴史的予測とを対比させている。人間の複雑さにまつわる未来の出来事に関し、科学的な予測法をもってしても、うまくいく可能性は、古代の占いに頼った場合と同程度しかないと彼は主張する。これは、人間とその社会文化的背景の複雑さと、歴史性の変化によってもたらされる不確実性の両方が原因である。ド・ジュヴネルは、政治学は特殊な「社会物理学」であり、したがって予測可能であるという十九世紀のコントの主張に異議を唱えている。ド・ジュヴネルの見解では、コントは「科学的予測と歴史的予測――極めて異なる二つの事物を混同している」。

ド・ジュヴネルの著書の英訳時に執筆していたレシャーは、『研究対象としての未来』(一九六七年)の中で、実証的な未来研究で用いられる予測方法論について有益な記述を行っている。特に社会科学に関して、一九六〇年代に科学的な予測方法が否定されたのには相応の理由があると前置きした後、レシャーは当時使われていた三つの予測手法を挙げている。最初の二つはド・ジュヴネルの二つのアプローチに似ている。

基本的に、私たちが自由に使える予測手法には三つの項目がある。すなわち、過去の経験の外挿、分析モデルの活用、そして予測者としての専門家の利用である。

レシャーは、一九三〇年代にオグバーンによって開発された、現在のトレンドや傾向を未来に投影する方法論について概説した上で、その有用性とともに根源的な限界について誰もがよく知っていると主張する。彼は、急速な科学技術の変化とその(一九六〇年代の)社会的影響に照らすと、歴史的外挿の方法は効果がないと論じる。これはド・ジュヴネルの歴史予測と似ている。第二に、レシャーは分析的予測(ド・ジュヴネルの科学的予測に似ている)を、少なくとも複雑な社会システムにおいては否定している。分析的予測モデルが天文学や気象学、さらには経済学にも有効であると認めつつも、「科学的革新、技術的発明と普及のプロセス、社会変化のパターンの展開」への有効性には極めて懐疑的である。ここまでは両者の意見は一致している。

しかし、レシャーは第三の予測方法として、「専門家の意見や推測を系統的に（願わくば構造的に）利用する」ことを提案した。彼はこれを、技術的、科学的、社会的領域における予測に最も適しており、成功する方法であると見なしている。レシャーは、オラフ・ヘルマー、ノーマン・ダルキーとともに、予測の「デルファイ法」を考案した。デルファイ法は、「ミレニアム・プロジェクト」という世界的プロジェクトで選択された手法である。ジェローム・グレン、セオドア・ゴードンらは、その研究成果を『未来の状態』として毎年発表している。

予測的アプローチは、経験的なトレンドが指し示す唯一無二の未来に到達しようとする試みであり、「トレンドは運命である」と呼ばれる。経験則に基づく予測的アプローチは、現在も未来に関する文献や大衆メディアの見解を支配している。一九六六年に米国で設立された世界未来学会は、より広範で非軍事的な目的での予測手法の確立を支援し、未来研究の普及にも貢献した。

さまざまな予測を通じて未来を植民地化し、支配下に置き、手なずけようとする衝動は失われていない。それは、不確実性と折り合いをつけようとする強力な手段としてなおも厳存する。より正確な予測手法を開発しようとする人々は、未来は唯一無二のものであり、科学的に知り得るとの考えに固執している。フィリップ・テトロックとダン・ガードナーの二〇一五年の著書『超予測力――不確実な時代の先を読む十カ条』には、未来の不確実性をごまかすさらに斬

Box 1　アーサー・C・クラークの「予測 3 法則」

SF 作家のアーサー・C・クラークは予測の 3 つの「法則」を提唱した。

クラークの第 1 法則：著名だが年配の科学者が、あることが可能であると述べるとき、そのことはほぼ間違いなく正しい。彼・彼女が何かを不可能だと言うとき、それはおそらく間違っている。

クラークの第 2 法則：可能性の限界を見極める唯一の方法は、その限界を少し超えて不可能なことに踏み込むことである。

クラークの第 3 法則：進歩しきったテクノロジーは魔法と見分けがつかない。

新な方法が登場する。著者らは、超予測者と呼ばれる、一見普通の人々を何人か特定した。著者らは、超予測者たちがクラウドソーシングによる予測のトーナメントで平均よりもはるかに優れた成績を収めていることを発見した。テトロックとガードナーは、結局は確率に頼る彼らのアプローチに運が絡んでいることを認めている。

あらゆる予測、そして超予測でさえも、そこには予測されるのを待っている唯一の未来があるという前提に立っている。皮肉なことに、レシャーの理路整然とした論旨は、人間関係の複雑さに関して言えば、われわれの未来は実質的に解決不可能であるということをより強固なものにしている。彼は、未来が「われわれのコントロールの埒外」であるために、われわれは未来を形作ることに関して事実上無力であると主張する。

ここで私たちに残された疑問はこうだ。「レシャーが主張するように、もし未来をコントロールする能力がないために、未来に対して無力なのだとしたら、未来をコントロールしようとするのをやめたら、他に選択の余地があるのだろうか？」（Ｂｏｘ１）

未来の卵の割れ目

植民地化され、管理される未来は一つではなく、私たちが想像し、デザインし、共同で創造することのできる多くの起こり得る未来があるとしたらどうだろうか。二度の世界大戦と大恐慌の後、民主的でグローバルな未来を目指す人々が、多元的な未来学の種を蒔いた。一九五〇年代から、システム科学、社会学、平和研究、ジャーナリズム、神学、メディアなどの先駆者たちが、未来学を軍産複合体から、より人間主義的、平和的、平等主義的なアプローチへと導いていった。

この頃、いくつかの重要な進展が相次いだ。一九五四年、ルートヴィヒ・フォン・ベルタランフィ、ケネス・ボールディングらがスタンフォード大学に「一般システム研究協会」（ＳＧＳＲ）を設立、ロベルト・ユンクは、彼が「未来の植民地化」と呼ぶものに対するアメリカのアプローチを力強く批判した『未来はすでに始まった』を出版した。ポラックは『未来像』（一九五五年）を出版し、これは今日でもオルタナティブな未来を想像するための基礎的なテキストと見なされている。ベルジェは「国際展望センター」（一九五七年）を設立し、未来に対するフランス人活動家のアプローチを開始した。ノルウェーの平和研究者ヨハン・ガルトゥングはオスロに「平和研究所」（一九五九年）を設立した。フランスの古生物学者で神学者のピエール・テイヤール・ド・シャルダンが『人間の未来』（一九五九年）を出版した。ベルトラン・ド・ジュヴネルとその妻エレーヌは、パリで「国際フューチュリブル協会」（一九六〇年）を設立した。

この面々と彼らが設立した組織は、哲学的かつ実践的に、人間を中心とした未来学の理論と方法の開発に取り組んでいた。そして、戦争シナリオに主眼を置いた国家計画やランド的予測アプローチとは大きく異なっていた。

アンダーソンは『偉大な未来討論』（二〇一二年）の中で、一九六〇年代の終わりまでには、世界自体の未来をめぐって二つの未来思想の動きがあったと主張している。軍事的な努力に支えられた、未来を予測する実証的な科学が北米ではまだ支配的だった。一方、ヨーロッパなどで台頭してきたのは、より批判的で社会学的なアプローチで、未来思考の強力な概念と手法を広く普及させるやり方だった。

社会科学における多元主義

ウェンデル・ベルは、一つの現実世界を研究する一つの科学という実証主義的な考え方と、「科学は単一ではない……。むしろ科学は、それぞれが特定のトピックや科学者のコミュニティに関連する、多くの異なる「知識」から構成されていると考えられる」というポスト実証主義の信念とを対比させている。この複数の知識という考え方は、社会科学の思考が多元的な世界観へと移行する際の中核をなす。

実証主義や経験主義に対する批判は、トーマス・クーン、カール・ポパー、ユルゲン・ハーバーマス、そしてフランクフルト学派の批判理論家といった科学者や社会科学者から生まれてきた。一九六〇年代末までに、多くの理論家は、特に社会科学において、実証主義が知識の理論として妥当であるとは考えなくなった。ポスト実証主義の中心的な特徴は、広義には多元主義である。

未来学が学問分野として台頭してきた頃、科学研究の考え方や実践の仕方に大きな変化が起きていた。科学におけるこの変化は、社会科学全体における多元主義への道を開いた。社会科学者たちは、量的方法よりも社会科学研究に適した多様な質的方法を開発し、それを用いて研究を行った。

ドイツの哲学者ハーバーマスは、ポスト実証主義的手法に重要な貢献をした。彼は三つの哲学的研究関心を区別した。すなわち、(道具的な知識を得るための実証主義的な手法による)技術的関心、(実践的知識を得るための解釈的/解釈学的手法による)実践的関心、(解放的知識を得るための批判的方法による)解放的関心である。未来予測はハーバーマスの技術的関心と一致している。

複数の未来へのシフト

一九六〇年代から一九七〇年代初頭にかけては、新しいアイデア、急進的な学者たちの活動、変革的なアイデアやプロセスへの希望など、世界的に刺激的で多産な時代であった。科学の最先端は、すべてが予測可能な閉じたシステムという機械的世界観から、可能性と混沌と複雑さに満ちた量子的・有機的世界、そして自己適応的な組織へと移行していった。

同様に、ヨーロッパにおける未来思考の最先端は、実証主義的科学から社会科学の新しい多元主義へのシフトと並行して進歩しており、それゆえ予測的アプローチに挑みかかっている。その最初のステップは、単一の未来という考え方から、複数の可能性のある未来へとシフトすることだった。

一九六〇年代後半には、未来学者たちによる未来学に関する最初の世界会議が開かれた。この新しい多元的な哲学は、主にヨーロッパで生まれつつあった。この運動の先駆者たちは、「都市のスプロール化〔無秩序な開発〕、飢餓、教育不足、疎外感の増大といった敵」に焦点を当てて研究を進めた。これが、ユンク、ガルトゥング、ジェイムズ・ウェルズリー゠ウェズリー（一九二六―二〇〇七）らが主導した第一回国際未来研究会議「人類二〇〇〇年」（一九六七年、オスロ）の目標だった。ユンクは発表された会議録『人類二〇〇〇年』で次のように述べている（強調はユンク）。

豊かな国々は、未来を探索して研究するだけでなく、未来を定義し、さらに再定義し、すでに自分たちに有利に偏っている世界のコミュニケーションラインに沿ったイメージを広める力を持っている。そして、これこそが力なのだ。未来に対する洞察力を持つ者は、現在をも支配するのである。

ドイツの未来史家エルケ・ゼーフリートは、論文『未来の舵取り』（二〇一四年）の中で、未来を複数の用語で再概念化する一九六〇年代後半のシフトについて探究している。彼女は二つの文書に依拠している。一つはランド研究所のヘルマーが一九六七年に書いたもので、ヘルマーはその中で「多数の起こり得る未来」に言及している。もう一つは、一九六八年に設立されたベルリン未来研究センターの最初の案内パンフレットで、そこにはこう記されている。「人は、起こり得る未来が豊富に存在し、その可能性はさまざまな方法で形作られることに気付き始める」。ゼーフリートは、単数の未来から複数の未来への移行は、「循環する知識」と彼女が呼ぶものによって生じたと指摘する。ただし、それがどのようにして生じたのかについては説明されていない。さらに、彼女は「未来研究という新しいメタ学問は、多数の起こり得る未来が存在し、それらを推定し、予測し、操作できるという仮定の上に構築された」と結論付ける。この結論によって、ゼーフリートは無批判にヘルマーの予測実証的見解を採用している。

ゼーフリートの研究を土台に、循環する知識がどのように発生したかを探り、「推定、予測、操作される」ことを必要としない複数の未来へのアプローチが、いくつかあることを示したい。ド・ジュヴネルは一九六〇年、フューチュリブル〔futuribles〕という言葉で複数の未来に関する考え方を紹介した。彼は次のように述べている。「Futuribles……、それは複数形である点に重きを置いた、起こり得る未来を意味している」。ユンクは、ド・ジュヴネルの先駆的かつ創造的な仕事が、ゼーフリートの言う循環する知識に重要な役割を果たしたことを強調した。ユンクは、一九六七年にオスロで開催された第一回国際未来会議の会議録『人類二〇〇〇年』の序文で、三つのことを言明している。それらを総合すると、「人類二〇〇〇年会議」が未来の複数化の鍵であったことがわかる。

第一に、「人類二〇〇〇年」に参加したヘルマーが、この会議で「よりよい未来だけでなく、それを達成するための社会的手段を発明する、現代の建設的なユートピア主義者の新種」の出現の兆しが見えたとの報告を、ユンクは引用した。第二に、ユンクは、「未来研究がまだ存在していなかったドイツ連邦共和国〔西ドイツ〕では、第一回国際未来研究会議〔人類二〇〇〇年〕の参加者が……「ベルリン未来研究センター」を設立した」と指摘している。第三に、ユンクはヨーロッパにおける新しい雑誌の創刊に関し、「この種の出版物の中で最も古くて最も重要な、ベルトラン・ド・ジュヴネルが創刊し、主宰する『分析と予知』を中心としたグループがある」と言及した。ユンクは、ジュヴネルをヨーロッパにおける未来学運動の長と呼ぶ。

最後に、私は一九七六年のフューチュリブル誌のベルリン未来研究センター（ZBZ）に関する記事で、オスロでの会議から帰国したユンク自身が一九六八年の同センターの創設者であったこと、ヘルマーやド・ジュヴネル、その他の参加者と会って意見を交わしていたことを知った。ゼーフリートの「循環する知識」において、オスロでの会議が枢要な役割を果たしたことは間違いない。

まとめると、「人類二〇〇〇年」と、そこから派生した後続する出来事は、なぜ、いつ、どのように「単数形の未来」が「多数の未来」となったのかという、未来学におけるポスト実証主義的転回の発現を意味した。ユンクやガルトゥングらが、一九七三年の世界未来学連盟（WFSF）設立につながる未来学のための「世界連盟」の創設について議論を始めたのもこの時である。ド・ジュヴネルは世界未来学連盟の創設会長（一九七三―七四）であり、ガルトゥングはその第二代会長（一九七四―七七）であった。複数の起こり得る未来という考え方は、未来学者がより微細な視点を発展させるにつれて進化していった。

市民社会における未来の民主化

戦後の未来史家たちは、第二次世界大戦の終結から冷戦の終結までの四十五年間を、最も興味深く研究価値のある期間と見なす傾向がある。ゼーフリートは、一九七〇年代、特にローマクラブの画期的な報告書『成長の限界』（一九七二年）以降、彼女が言うところの未来研究の緑化に伴い、システム分析や大規模なモデリング事業に対する信頼が失われていったと指摘する。

この緑化には、「エコロジーと人間、そのニーズと価値観への志向が関わり、「クール」なテクノサイエンスと「物質」に基づく進歩の理解を否定した」。

韓国の社会学者ヒョンジュ・ソンの一九九〇年代以降の西欧の未来学の歴史は、ヨーロッパよりもむしろアメリカの影響を受けているとみられる。彼は「新自由主義的な見方と、冷戦の終結とともに一九九〇年代に始まった未来分野の分断化」に言及している。ソンは、批判的な未来学や小規模な地域参加型プロジェクトの台頭を認めつつも、未来学が新自由主義的プロジェクトに覆い尽くされ、経済的要請に従順な先見的アプローチに支配されていると結論付けている。ソンは以下のように主張する。

人類が直面している道徳的なコミットメント、人道的な未来のビジョン、そして他者の未来との関係において、未来洞察の実用性は、未来学を傍流へと追いやる傾向がある。

アンダーソンは、一九九〇年代から二〇〇〇年代にかけては、未来学がコンサルタントをベースとした実践の時代であったと一蹴し、「結局のところ、認識論的な形よりも、専門化や組織化のほうが重要だった」と主張している。アンダーソンは、未来学の歴史は未踏の領域であると述べているが、未来学の数多くの歴史は見過ごされてきた。ゼーフリートが政府による未来予測の終焉を述べ、アンダーソンとソンが新自由主義的なコンサルタントベースの未来予測の実践による成長を嘆く一方、彼らは皆狭い意味での英欧の方向を見ている。これらの歴史に欠けているのは、グローバルな市民社会における未来学の台頭と、その重心が移動したという認識である。

一九五〇年代から一九六〇年代にかけて予測的アプローチの発展を主導したのはアメリカであり、ヨーロッパは一九六〇年代から一九七〇年代にかけて複数形の立場をとった。それは一九七〇年代までに「未来学者として参加者の自認を促す社会運動」になっていたと、ベルは主張する。未来学者は、一九八〇年代の地理的な多様化を通じて、新しいアイデア、コンセプト、メソッドを広め、交換していた。

メキシコでは、一九七五年に「ハビエル・バロス・シエラ財団」が未来学に特化した組織として設立された。こうして世界中のホットスポットで、未来の会議や講義、プロジェクトが立ち上がりつつあった。その後三十年間、WFSFはしばしばユネスコの支援を受け、パリ（一九七四年）、ベルリン（一九七五年）、ドブロブニク（一九七六年）、ワルシャワ（一九七七年）、カイロ（一九七八年）、ストックホルム（一九八二年）、サンホセ（コスタリカ）（一九八四年）、ホノルル（一九八六年）、北京（一九八八年）、バルセロナ（一九九一年）、トゥルク（一九九三年）、ナイロビ（一九九五年）、ブリスベン（一九九七年）、フィリピン（一九九九年）、ブラショフ（二〇〇一年）、呉（日本）（二〇〇二年）、ブダペスト（二〇〇五年）など、さまざまな場所で会議を開催した。世界会議だけでなく、WFSFは地域会議や未来学の入門講座をインドネシア、メキシコ、オランダ、スイス、ブルガリア、ロシア、アイスランド、フランス、旧ユーゴスラビア、イタリア、タイ、マレーシアなど数十カ国で開催した。

一九九三年にWFSF事務局がオーストラリアに移転したことは、ウェンディ・シュルツが「パシフィック・シフト」と呼ぶものの一つの目安となった。シュルツはまた、未来学プログラムやジャーナルの増加、そして「[台湾、]シンガポール、韓国、インド、タイ、パキスタンにおける未来学実践への関心の爆発的な高まり」を、アメリカやヨーロッパを超えた地理的・文化的多様化の指標として挙げている。

パシフィック・シフトは、私たちの未来を決定する隠れた社会的・文化的要因をより深く理解するためのシフトであるだけでなく、ヨーロッパやアメリカにおける未来思考の形式化から、太平洋海盆とアジア全域に広がる未来学実践の活気あるコミュニティへのシフトでもある。

この多様性への継続的な取り組みのため、WFSFはユネスコ参加プログラムとパートナーシップを組み（二〇一二―一五）、カイロ、ペナン、コンゴ民主共和国、メキシコシティ、ハイチ、フィリピンなど多様な場所で、権利を奪われた女性や若者のための未来学入門のプログラムやワークショップを実施した。これらのプログラムは、「人類二〇〇〇年」の創設者たちが始めた民主的で人間中心の未来の伝統を引き継ぎ、複数の未来の構築を確固たるものにしている。

個人的な未来からグローバルな未来へ

研究者や実務家が顧客グループと未来のイメージを話し合う場合、空間的な範囲を特定することが重要である。個人的な未来、ローカルな未来、地域的な未来、国家的な未来、地球的・惑星的な未来など、潜在的な関心領域はさまざまである。「パーソナル・フューチャー・ワーク」は、北米の未来学者、ヴェルン・ホイールライトが開発したアプローチである。ホイールライトは、個人的な未来とは、一個人の未来と、その個人と家族に直接関わる未来の探究に関連付けられると述べている。ホイールライトのアプローチは、その人の人生に関する情報の枠組みを構築すること、シナリオ設定を通じてもっともらしい未来を探ること、将来のビジョンを描き、行動計画を用いてビジョンを達成するための戦略を練ることといった要素で構成される。このプロセスの最後には、その人は自分の人生の総括と展望、人生の次なるステージのための具体的な計画、変化に即応するためのコンティンジェンシー〔不測の事態への備え〕プランを持つことになる。

未来学者の中には、地元のコミュニティや近隣地域の範囲内で活動し、学校、企業、地方議会のメンバーを巻き込んで、地元地域のビジョンづくりやシナリオづくりを行う人もいる。一九八〇年代後半にメルボルン郊外で活動していたメリル・フィンドレーのワークショップ

「イマジン・ザ・フューチャー」が好例である。また、国・地域のより巨視的な立場で活動している例もある。フィンランドは未来志向の強い国の例である。「フィンランド未来研究センター」は、修士号と博士号を提供する大学ベースの研究機関であり、「フィンランド未来学会」は、フィンランドの高等教育機関のほとんどが加盟する団体である。また、フィンランド政府内には、未来学委員会がある。フランスではこれを「地域内の未来」と呼ぶ。国民国家の枠を超え、地域計画や都市研究と結び付いた未来研究もある。WFSFイベロアメリカ支部はラテンアメリカ地域で盛んに活動している。その他、ヨーロッパ、東南アジアなどのグループも活発である。

インターネットやモバイル機器を通じた社会参加の民主化は、空間の新しい概念を生み出した。こうした新たな未来空間には、製品やサービスをそれぞれの地域に合わせて適応させる「ジー・ローカライゼーション」(g/localization) や、グローバル、ナショナル、ローカルな空間を統合する「グロナカル」(glonacal) などがある。言語ベースの未来学者のグループは、スペイン語、フランス語、ドイツ語、ハンガリー語、フィンランド語、アラビア語、ペルシャ語など、それぞれの言語で発信している。地球が小さくなるにつれ、より多くの未来学者がグローバルな視点、つまり惑星的な視点を持つようになっている。

複数の未来手法

未来空間への思考を開くための簡単なテクニックがいくつかある。これらはある場面設定においては促進剤ともたとえられる。これらの導入テクニックは、使い方がシンプルで、焦点が比較的限定され、主としてタスク志向であり、未来志向の用途に限定されていない。例えば、未来時間軸、マインドマップ、フューチャー・ホイール（マインドマップの変形）、フロースケープなどがある。

スローターは戦略的未来洞察の応用により、四段階の方法論的アプローチを開発した。ジョセフ・ボロスはこれを応用し、私はこれをスウィンバーン・アプローチと呼んでいる。これは二〇〇〇年にスローターが創設したオーストラリアのスウィンバーン大学戦略的未来洞察修士課程と並行して開発された。この四つのステップには、他の文献集に見られる未来学の手法が多く含まれている。このアプローチの有用な特徴は、各主要ステップに選択の余地があって融通が利き、一般的な未来洞察のアプリケーションの文脈で使えるプロセスに手法が組み込まれている点にある（図5参照）。

入力方法は、基本的に情報収集に関するものである。これは、ワークショップ、オンラインアンケート、組織インタビューなどを通じて成し遂げられる。分析や戦略立案の前に情報を得るための典型的な方法としては、環境スキャニングやホライゾンスキャニング、フューチャースキャン法、デルファイ法、調査、技術評価などがある。

分析手法は主に意味付けに関係する。未来レンズによる分析の特徴の一つは、現在のものの

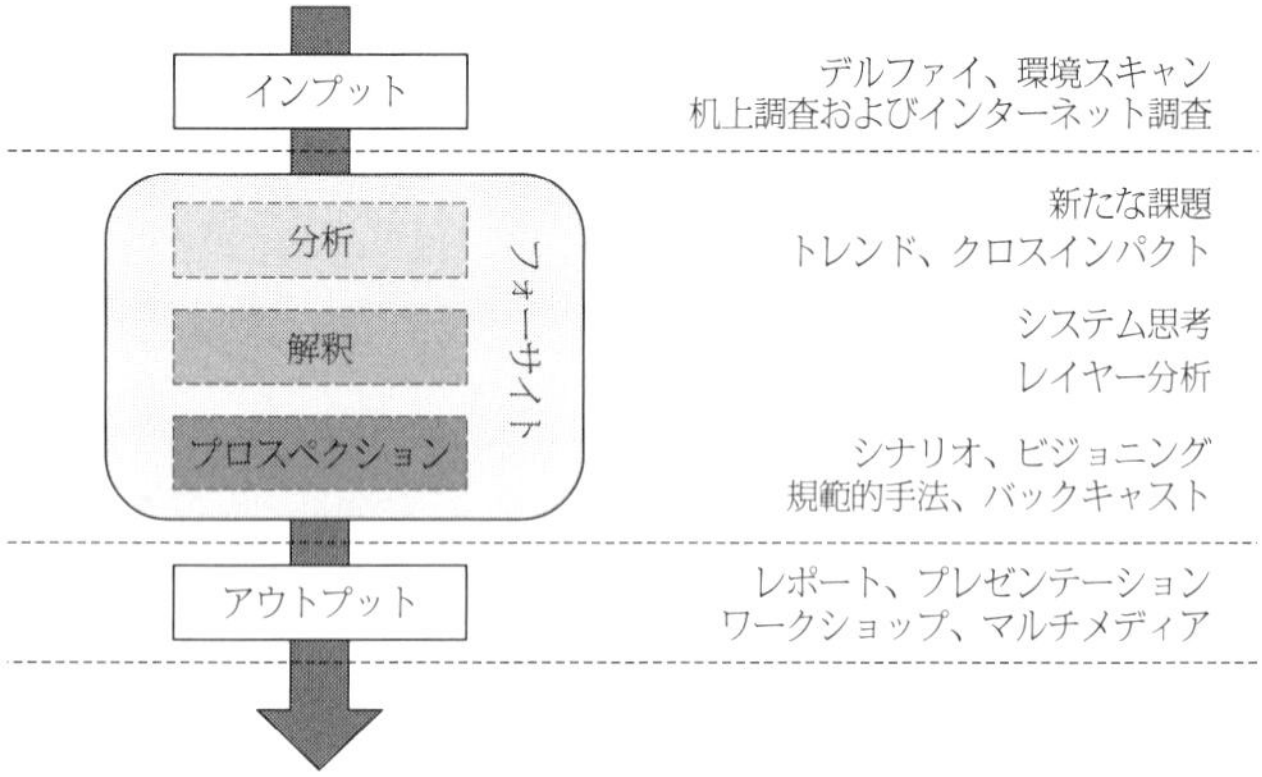

図5 ジェネリック・フォーサイト・プロセスの一環としての未来予測手法

見方を解きほぐすことで、通念的な知見に新たな視座を提供することである。分析手法には、新たな課題分析、傾向の分析と外挿、クロスインパクト分析、パターン認識、会話文分析、対話などがある。スローターの第三のクラスターはパラダイムメソッドであり、ボロスはこれを解釈的メソッドまたは深層メソッドと呼んでいる。解釈的手法を通じ、私たちはすでに収集・分析された情報からより深い洞察を得られる。未来研究から生まれた解釈的手法には、ガルトゥングのマクロヒストリーやイナヤトゥラの因果階層分析などがある。未来学の枠を超え、システム思考や解釈学、そしてブリコラージュ〔あり合わせの弥縫策〕のような混ぜ合わせの手法もあり、これらはすべて未来をより深く理解するために用いられる。ウィルバーのインテグラル（統合的）な方法論的アプローチ（インテグラル・オペレーティング・システム）は、インテグラルな未来アプローチに用いられている。また、エスノグラフィー〔民族誌学〕、メディア批評、文化的人工物の研究も未来研究に取り入れることができる。

反復的・探索的手法の第四のクラスターは、ボロスによれば、未来のイメージを生み出そうと予期する手法が該当する。マシーニのユートピア的／ビジョナリーな視点は、「未来のビジョンによって現在を変革する」ことを目指している。明らかな探索的／展望的手法には、「ビジョニング」（個人と協働の両方）、想像力と創造力、「シナリオ・プランニング」、未来像から現在へと逆算する計画「バックキャスティング」などがある。プロスペクティブな手法には、ボールディングの「ビジョン―アクション・ネクシス」のようなアクティビズムの要素も含まれる。アクションリサーチ、アクションラーニング、参画型未来ワークショップである。

方法論の議論を終える前に、カオスと複雑性の理論が予測や予測に持ち込んだ激変から生まれたワイルド・カードとブラック・スワンという概念について触れておきたい。「ワイルド・カード」と「ブラック・スワン」は、未来学者が、可能性は極めて低いが、発生すれば重大な影響を及ぼすであろう予期せぬ未来の出来事を特徴付けるために使う二つの異なる用語である。

第三章　進化する未来学の領域

進歩中の未来の学問

未来学の学問領域が発展してきた道程には、二十世紀後半の思想史が深く関わっている。多くの未来学者が、科学的実証主義に基づいて未来を予測しようとすることは、この複雑な世界における未来学へのアプローチとして最も生産的な方法というわけではないと認識し始めるようになったのである。データーは以下のように述べている。

初期の未来学者の多くがそうであったように、私もどちらかといえば「科学的」で「実証的」な視点から出発した。しかし、多くの理由から、私はすぐにその考えを捨てた。

ガルトゥングは多種多様な未来について著した最初の人物の一人である。彼は一九八二年に、そうした種々の未来について、トレンドの外挿法に関連してしばしば恐怖、絶望、悲観論をもたらす「起こりそうな未来」、想像力とSFを含む解釈的で代替可能なビジョンの創造に関連する「起こり得る未来」、そして批判的で規範的な価値観にまつわる「起こしたい未来」と表現した。スウェーデンの未来学者オーケ・ビェルシュテットは、起こりそうな未来の恐怖のイ

未来学のアプローチ	未来の類型	基盤となる理論	目標	研究手法
「単一の未来」に対する実証主義的アプローチ				
予測的／経験的	起こりそうな未来	実証主義 経験主義	外挿、予測と制御	定量的調査、予測調査、トレンド分析、技術評価
「複数の未来」に対する多元主義的アプローチ				
批判的／ポストモダン	起こってほしい未来（または規範的未来）	批判理論、脱構築	規範性、解放	テキスト分析、メディア批評、文化教育的人工物
文化的／解釈的	起こり得る未来（または代替的未来）	構成主義、解釈学	代替的な実践モデル、「他の未来」	想像力、創造的質的分析、対話、民族誌的研究
参画型／展望的	展望的未来	行動研究、希望理論	エンパワーメント、変革	協働的ビジョン形成、アクションリサーチ、アクティビズム
統合型／全体論的	統合型未来	統合理論	地球規模の正義	統合的手法、混合手法、学際的・複合的なブリコラージュ

Jennifer M. Gidley（2010）

表１　進化する未来のアプローチの５類型

メージにもかかわらず、行動する準備ができている「展望する未来」（一九八二年）と呼ばれる第四のアプローチを見いだした。ビェルシュテットは、ベルジェやド・ジュヴネルらによるフランスのプロスペクティブ・アプローチに精通していたにちがいない。ベル、マシーニ、イナヤトゥラ、スローターなど、何人かの未来学者が三つか四つの異なる未来アプローチを類型化している。

私の知る限り、ハーバーマスの社会科学の哲学的基礎と、起こりそうな未来、起こり得る未来、起こしたい未来、展望する未来という概念を統合し、体系的な未来フレームワークを開発した人はいない。私は、これらの多様な視

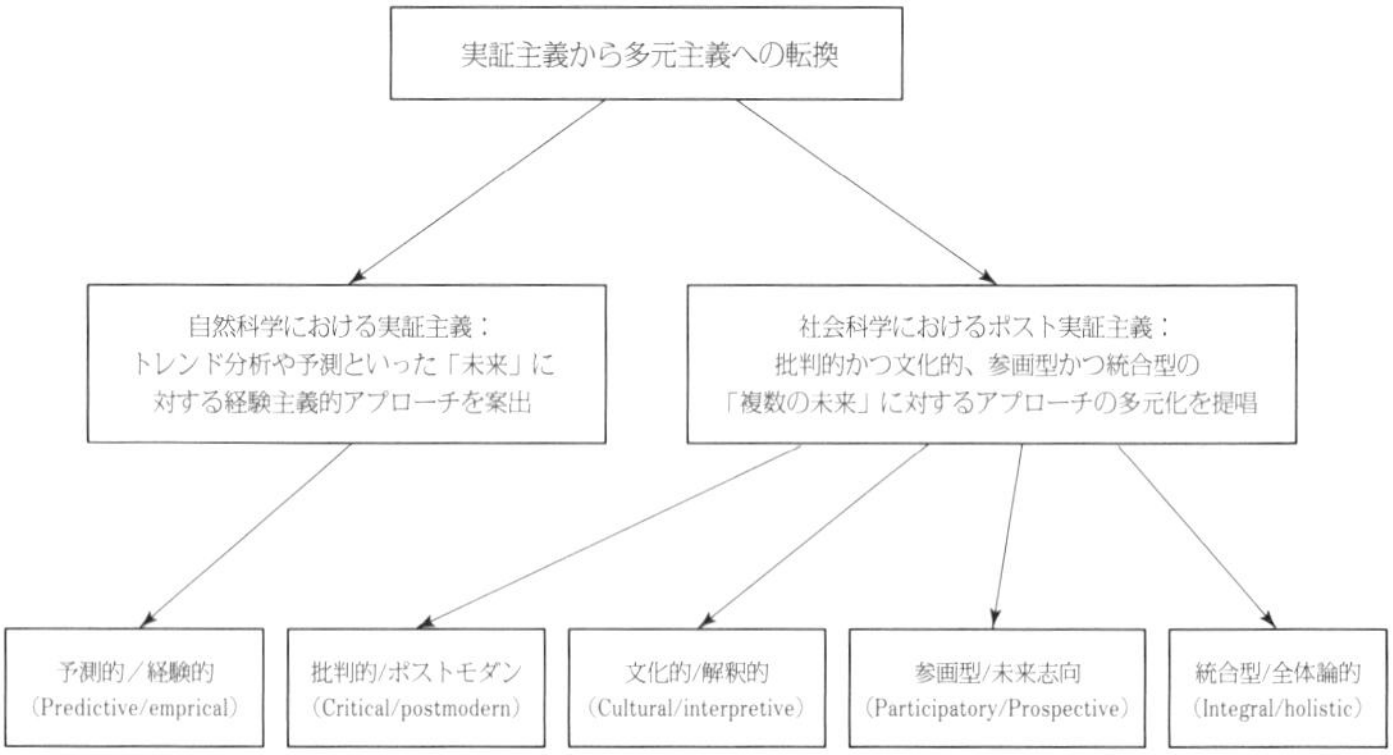

図6　進化する未来のアプローチの5類型。20年（1997〜2016年）にわたり筆者が体系化

点と最近の動向を総合し、五つの未来アプローチを類型化した。私は一九九〇年代半ばにこの類型論を構築し始め、その後も改良と進化を続けてきた（表1参照）。私の類型論は、実証主義とポスト実証主義との二分から始まり、後者はオルタナティブ・アプローチの支持層の拡大へとつながっていく（図6参照）。

　これらのアプローチは相互に排他的なものではなく、文脈によっては、未来研究への適切な道筋となるものばかりである。また、この概念化は直線的な発展モデルを意味するものでもない。各アプローチはそれぞれ異なる哲学や理論を根底に持ち、それは他の分野での類似した発展とも併存している（表1参照）。それぞれのアプローチには、未来研究の分野全体と同様、長所と限界がある。さらに、未来学の分野は進化し続けている。

批判的未来

批判的未来によるアプローチは、基本的に難題を問いかけるものである。現状に異議を唱え、いつものやり方が唯一の方法ではない理由について、不都合な言明を行う。ヨーロッパの社会学に対する批判理論アプローチに話を移そう。このアプローチは差し迫った未来について価値判断を下し、望ましくない結果を回避するための変化を考慮に入れる。批判的社会理論の伝統は、第二次世界大戦後のヨーロッパを再建する動きの一部であった。それは、解放的な知識を得るためのハーバーマスの批判的手法に沿ったものである。

批判的未来学者は、米国の多くの未来学者の予測的アプローチと、軍産複合体への支配的な関与とのバランスを取ろうとした。彼らは臆面もなく規範的で、「起こしたい（あるいは望ましい）未来」に言及する。ＷＦＳＦの創設者や指導者の多くは、批判的未来のアプローチを反映している。ユンクとガルトゥングは、未来の概念と手法をより一般に広めるために「人類二〇〇〇年」イニシアティブを立ち上げ、このアプローチを効果的に確立した。ユンクは、批判的未来思考の根底にある価値観を次のようにまとめている。

それは国際的、学際的、イデオロギー間の試みであり、望ましい未来の生活条件を案出し、人類の生存を保証するような制度の設計に専念するものである。

マシーニとデーターは批判的視点を市民社会に持ち込んだ。スローターは博士課程における研究や著書で批判的未来論をさらに発展させた。イナヤトゥラは批判的未来の伝統に言及しているが、ポスト構造主義の観点からである。

私は、マシーニが社会学的志向と呼び、スローターが批判的／比較的と呼ぶものを含め、これらすべての視点を包摂するために「批判的ポストモダン」という用語を使っている。このアプローチはまた、ピーター・モールの「ユートピア的で想像力豊かな思考、ビジョニング、そして社会的・文化的力学の考察を重視する」反体制的で批判的な規範的アプローチとも一致する。私はまた、グリーンな未来やエコロジカルな未来を強調する未来アプローチも、批判的流派の中に位置付けている。しかし、それらをまったく別のアプローチとして扱う人もいるかもしれない。ハンガリーの未来研究者エヴァ・ヒデグは、批判的アプローチは「人間の視点によって特徴付けられる」新しいパラダイムの基準を満たしていると主張する。パラダイムという概念は複雑過ぎて、ここでこれ以上論じることはできない。未来に対する批判的アプローチは、現状を批判し、いつものやり方を続けた場合に起こり得る、差し迫った災厄に警鐘を鳴らす主義者の中に見いだすことができる。

このアプローチの長所は、当たり前だと思われている多くの未来において、いつものやり方に疑問を投げかけることで、多くの場合暗黙の了解となっている文脈や価値観の側面を明確にできる点にある。弱点はその主観性であり、時として過度な相対主義につながりかねないことである。ポストモダニズムは複雑な哲学であり、ここでは詳述しないが、このアプローチが最もポストモダン哲学に傾倒している点は相対主義である。

文化的未来

文化的未来は、未来思考に多様な文化のレンズを向けることを主としたアプローチである。批判的未来と同様に、支配的なグローバル文化モデルに挑みかかり、オルタナティブな文明モデルを探求することでそれを拡張する。文化的未来という視点に立つと、開発の概念は、工業主義、無制限の成長、消費主義への依存から切り離される。一九八〇年代にこのアプローチが登場したことで、ポストコロニアルの言説が未来学に取り込まれるようになった。世界未来学連盟は当初から、アフリカ、インド、ラテンアメリカ、アジア、太平洋地域からの参加者を得て、真にグローバルな表現に取り組んできた。

文化的未来の視点は、フェミニストや若者の未来にも可能性を開く。それは「起こり得る（あるいは別の）未来」と呼ばれる次元の核心である。文化的未来の提唱者は、さまざまな文化的・文明的モデルを探求し、起こり得る別の未来の実践例を示そうとする。このアプローチはハーバーマスの実践的な関心と一致しており、多様な未来に対する実践的な洞察を得るための解釈的／解釈学的な手法を含んでいる。

文化的解釈の伝統は、イナヤトゥラやディヤーウッディーン・サルダールといった未来研究者の研究から生まれたもので、彼らはともに非西洋文化を取り込み、他の文明の未来をより深く考察しようとした。サルダールの文化的解釈によるアプローチは、編著『われわれの未来を救うこと』（一九九九年）に顕著に表れている。イナヤトゥラは、東南アジア、イスラム、中国の未来に注目し、以下の引用にあるように、代替文明の未来に焦点を当てている。

未来の真実の代わりに……必要なのは、未来に対する文化的に自覚的な新しい解釈である。ここでの目標は、他の文化圏がどのように未来を創造しているのか、未来はどうなると考えているのかを見極めることである。中国、日本、インド、イスラムの宇宙論では、未来はどのように捉えられているのだろうか？

アシシュ・ナンディは、幅広い文化的基盤からさまざまなユートピアについて記している。イヴァナ・ミロジェヴィッチは、フェミニストの視点を探求する数少ない未来学者の一人である。ギレルミナ・バエナ・パスとアントニオ・アロンソ＝コンチェイロは、メキシコを拠点に、ラテンアメリカ地域の視点で研究、出版、発信している。スローターは、マルチカルチュラル・グローバルと呼ぶ同様のカテゴリーを認めており、マシーニはローマクラブの創設に関わったグローバル志向の未来学者グループを指している。

マシーニはユネスコでの活動を通じて、このアプローチに大きく貢献した。彼女はユネスコの依頼を受け、一九九一年から一九九四年にかけて、文化的未来に関する調査を行った。このような未来学の流れに対するマシーニの見解は、「この文脈で強調されるのは、未来の発展と結び付いた「生きた文化の共同体」である」という彼女のコメントに集約されている。

このアプローチの長所は、創造性と多角的な視点への関与である。弱点は、提起された代替案が実現可能性に欠けていたり、より支配的なアプローチに押しのけられてしまったりすることである。

参画型未来

参画型未来アプローチは、フランスのプロスペクティブの積極行動と、ビジョン構築やアクションリサーチの手法を統合したものである。私のモデルでは、このアプローチを文脈に応じ、「参画型」または「プロスペクティブ」と呼んでいる。エンゲージメントと参画を通じて、エンパワーメントと変革を促す。研究者たちは、権力者たちによる未来の構築手段への参画が、エンパワーのプロセスであることを発見した。これは、参画が地域レベルであろうと、地球温暖化の緩和や適応のような複雑でグローバルな課題との関連であろうと同じである。ベルジェと同様、ビェルシュテットは、「行動する準備」と呼ばれるプロスペクティブの活動主義的側面に注目した。彼はこれを「個人のエンパワーメント（統制の軌跡とも呼ばれる）」と関連付けた。

ユンクはまた、未来を脱植民地化する努力の一環として、参画型未来ビジョン・ワークショップをドイツやその他の国で開催した。

社会学者であり平和研究者でもあるエリス・ボールディング（一九二〇―二〇一〇）は、一九八八年に発表した論文『平和構築におけるイメージと行動』から抜粋した次の言葉に、エンパワーメントの側面を集約している。

平和への積極的なアプローチを促進しながら、人々は核の脅威を前にして無力感を覚え、軍縮に不信感を抱くようになった。

ボールディングは同僚のウォーレン・ジーグラーとともに、一九八〇年代からこのアプローチを使って、参加者がより平和な未来を思い描けるようにするビジョン・ワークショップを開催してきた。彼らのワークショップ・シリーズ「武器のない世界をイメージする」は、戦後まもなくのポラックのイメージ・ワークショップに触発されたものである。ボールディングとジーグラーは、参画型のアプローチが参加者に力を与えると主張した。

オーストラリアの未来学者であるフランク・ハッチンソンは、一九九〇年代にボールディングとジーグラーのワークショップを教育現場に応用し、このアプローチが暴力的な未来を超えるための教育にいかに貢献できるかについて広く記している。私は個人的に、オーストラリアの地方で、中等学校の生徒や社会から疎外された若者たちが、より前向きで活力あふれる未来を思い描き、実現できるよう、このアプローチを用いてきた。このアプローチが、多くの若者、特に少年たちの絶望感の軽減につながるとわかってきた。私はまた、気候変動問題に対するコミュニティの反応を活性化させるための参画型未来アプローチの価値についても記してきた。

イナヤトゥラは、参加者が自分たちの望む未来についてオーナーシップを持つこの作業について、「参画型アクションラーニング」という言葉を使っている。スローターはこのアプローチに「活動家／参画型」という言葉を使い、モールは「おそらく参画とエンパワーメントを通じ、経済的、社会的、政治的実現を目指す」実際的な強調に言及している。

参画型アプローチは、隔絶した経験主義的なプロセスではなく、協力的で魅力的なプロセスにコミットする若い未来学者に人気がある。オーストラリア人でメキシコ人の未来学者ホセ・ラモスは「行動予見」と呼び、フィリピンのシャーモン・クルスが「従事する予見」と呼んでいるのは、その好例である。

このアプローチの最もわかりやすい長所は、参加者をアクション・リサーチ・プロジェクトに参加させ、代替案について質問し、行動する力を与えることである。弱点は、関連する実証研究も考慮しなければ、科学界における正統性に欠ける可能性があることである。地球温暖化と気候危機に伴う大きな変化を緩和し、適応していくために、私たちが国際社会として取り組んでいく上で、このアプローチはさらに注目されるべきものである。

インテグラル型未来

インテグラル（統合）型未来アプローチは、多角的な視点を統合することができるため、最も幅広く深いアプローチとなり得る。インテグラル・ホリスティック（全統合的）アプローチという概念が文献に登場したのはここ十年ほどのことだが、それ以前にあった歴史のほとんどは見落とされている。インテグラル型未来の重要な先駆者としては、一九六六年に社会、経済、政治、技術、心理学、人類学的な側面を政策形成、計画、意思決定に取り入れた統合的予測について書いたエーリッヒ・ヤンツが挙げられる。一九六八年には早くも、未来学者でアーティストのジョン・マクヘイルとマグダ・コーデル・マクヘイルがニューヨーク州立大学に統合研究センターを設立した。彼らは、世界的なトレンドの統合、世代間の思想の変化、現代文化への新技術の影響に焦点を当てた未来研究を行っていた。ジョン・マクヘイルは、バックミンスター・フラーの「世界デザイン科学の十年」プロジェクト（一九六五―七五年）に関連する出版物の連載エディターとしてフラーと協力した。この学際的なプロジェクトでフラーは、国際建築家連合（UIA）に対し、「［一九六一年当時］四〇％しか役立っていない世界の総資源を、有能なデザインによって人類の一〇〇％に役立てるにはどうすればいいかという継続的な問題に、今後十年間かけて取り組むべく」世界中の建築系の学校に奨励するよう呼びかけた。マクヘイルのアーカイブは、ハワイ未来学センター図書館に所蔵されている。

全統合的アプローチに適合する新しい実験的で革新的なアプローチとしては、ベルギーの未来学者マヤ・ヴァン・リーンプトの映画、ビデオ、芸術を通したマルチメディア・アプローチがある。また、スチュアート・キャンディ、ジェイク・デュナガン、ダナ・クリサニンといった若手未来学者たちは、ゲームやデザイン理論、没入体験といったプロジェクトに未来コンセプトを組み込んでいる。

皮肉なことに、より具体的なインテグラル型未来アプローチの最近の発展は、アプローチの統合性についての主張と議論を争わせる結果となった。インテグラル型未来をめぐっては、スローターが編集した会誌『未来』を皮切りに、二〇〇八年以降、三回の特集号にわたって以下のような活発な対話が行われている。

インテグラル・フレームワークは、システム、コンテクスト、そして相互に結び付いた意識と活動の網の複雑性を認識する……この枠組みには、個人と集団がさまざまな意識構造にアクセスできることを認識する発展的な視点が組み込まれている。

この号では、インテグラル型未来は主にケン・ウィルバーの理論に基づいているという主張に沿った記事が多かった。イナヤトゥラは二〇一〇年に同誌で二回目の特集を組み、インテグラル型未来に対するウィルバーのような狭いアプローチの考え方を批判し、より広範な統合的理論やアプローチを提供する論文を掲載した。スローターが編集した「インテグラル型未来論争」に関する三回目の特集号は、翌年、ウィルバーのインテグラル・インスティテュート（https://integralinstitute.org/）と連携している『インテグラル理論・実践ジャーナル』に掲載された。短いこの入門書では詳述できないが、この最も包括的な未来へのアプローチに見られる発展やニュアンスの変化については、興味深い読み物となっている（巻末の参考文献参照）。

全統合型未来アプローチの強みは、その範囲の広さにある。複雑で、統合的で、横断的な理論に基づいているため、望ましい地球の未来に近づく可能性を最大限に引き出すことができる。しかし、あまりに幅が広過ぎることは、深みのなさを反映する弱点とも受け取られかねない。

未来概念の進展

過去五十年の間に、未来学者たちは、未来研究分野の広さと深さを明確にするために、新しい言葉、概念、方法を開発してきた。

一九六〇年代から、ド・ジュヴネルは「推測の技術」を発展させながら、いくつかの新しい哲学的概念を生み出した。ド・ジュヴネルの概念の多くは非常に複雑で、逆説的であり、一見しただけでは十分に理解できない。ド・ジュヴネルの「移ろいゆく現在」は、「現在の構造的特徴であり、思考が自動的に未来へと運ぶもの」である、構造的に確かなものすべてで構成されている。たとえば、太陽は明日昇り、冬に続いて春が訪れ、星や惑星は地球の周りを回っているかのように見え続ける。これとは対照的に、ド・ジュヴネルの言う「予知された未来」とは、日常生活の中で私たちが主観的に確信している事柄のことである。これをド・ジュヴネルは「主観的確信」と呼んでいる。明らかに、これらは構造的な確実性よりも確実性が低い。ド・ジュヴネルは、移ろいゆく現在と予知された未来との間に矛盾が生じる可能性を指摘する。これが彼の最も逆説的な主張である。

もし未来があらかじめ決まっているのなら、私たちはそれを前もって知ることができる。しかし、もし事前に知ることができれば、それを変えることができる。

ジェイムズ・データーは、四十年以上前に設立したハワイ未来学センターで、オルタナティブな未来ビジョンを描く「マノア・メソッド」を開発した。七つのステップからなるこのメソッドについては、他者も研究している。私が注目したいのは四番目のステップで、「未来からもたらされるトレンド、新たな問題、課題、機会の異なる組み合わせと、世界の仕組みについての異なる考え方に基づく、少なくとも四つの別の未来を、一つ以上体験する」ものである。参加者は、それぞれのシナリオの長所と短所を考えることになる。

データーの四つの一般的な別の未来のうち、第一は「成長の継続」である。データーはこれを、ほとんどの政府やその他の現代的な組織にとっての公式見解であると説明している。ほとんどの場合、このシナリオは経済成長に関連しているため、しばしば経済成長の継続と呼ばれる。第二のシナリオは「崩壊」であり、社会や環境が崩壊するという、今日多くの人々が抱いている一般的な恐怖に基づいている。第三に、データーは「規律ある社会」のシナリオに言及しており、これはしばしば持続可能性の概念と結び付いている。このアプローチには、「無限の富や消費主義の追求ではなく、〔むしろ〕自然的、精神的、宗教的、政治的、文化的な基本的価値観」も含まれる。第四のシナリオは「変革社会」であり、データーが提示するように、これは「ロボット工学と人工知能（ＡＩ）、遺伝子工学、ナノテクノロジー、テレポーテーション、宇宙定住」などの技術変革と強く結び付いている。多くの未来学者がマノア・メソッドの四つのシナリオをビジョン策定やシナリオプロセスに活用しているが、すべての人が第四のシナリオを技術的な観点からのみ見ているわけではない。データーは、「未来に関するどんな有益な発言も、最初は荒唐無稽に見えるはずだ」という「データーの法則」で最もよく知られているだろう。

エレオノーラ・マシーニは、グアテマラ生まれでローマを拠点に活動する弁護士・社会学者である。彼女は数十年にわたり、未来学の哲学を明確にし、それを地球上で最も困難な状況に適用するために世界的に活動してきた。マシーニにとって、未来学のアプローチのほとんどは西洋哲学の概念、特にジョン・ロック、ライプニッツ、ヘーゲル、カントの概念に根差している。マシーニは哲学的、倫理的な基盤の両方に興味を持っている。彼女は、特定の西洋哲学者に関連する未来思考のレベルを三つに分類している。第一は、第二次世界大戦後から一九六〇年代にかけて流行した「経験（実証）的未来」である。これは、社会的・経済的指標に基づき、起こり得る未来を外挿し、最も可能性の高い未来を導き出すものである。マシーニは、このアプローチを哲学に依拠させている。マシーニは、このアプローチが経験的データに基づくとして、ロックの哲学を根拠とし、予測的経験的アプローチと結び付けている。このアプローチのキーワードは「何かが変化している」である。マシーニの二つ目のアプローチは「先見性とユートピア的未来」であり、ライプニッツの哲学に沿ったものである。これは批判的ポストモダン的アプローチ、望ましい、あるいは起こしたい未来へのアプローチと結び付いており、「何かを変えなければならない」という信念に基づいている。

マシーニの第三のレベルは、最初の二つを統合したもので、彼女はこれを「プロジェクト構築」と呼んでいる。このアプローチでは、人々は望ましい未来についてのユートピア的なビジョンに導かれながら、現在の状況や結果に影響を与える可能性のある過去の傾向を考慮に入れ、未来志向のプロジェクトを創造することができる。マシーニのプロジェクト・アプローチでは、起こり得る未来と起こりそうな未来が望ましい未来（カントの「理想」とヘーゲルの「無限」に関連する）に出現し、三つの相乗効果を生み出す。キーワードは「何かを変えることができる」ということである。未来学者が政治的・倫理的な立場に関わり、それを通じて行動を起こし、責任を負うことができるのは、プロジェクト構築においてである。これこそが人間の主体性が現れる場であり、最もフランス的なプロスペクティビスト・アプローチとマシーニが同調するところである。このアプローチは、参画型プロスペクティブ・アプローチとインテグラル型アプローチを組み合わせたもののように見える。

英豪の未来学者リチャード・スローターは、特に一九九〇年代以降、未来学の概念化と明確化に多大な貢献をしてきた。マシーニと同様、彼のアプローチの一つは、未来学を階層化して捉えることである。スローターの四つのレイヤーには「ポップ・フューチャリズム」が含まれ、それは皮相的でメディアと親和性が高く、未来を矮小化するものである。第二の層は「問題指向の作業」である。これは、組織や社会が未来の課題にどのように対応できるか、あるいは対応すべきかに焦点を当てた、より深刻な未来研究である。第三の層は「批判的未来」であり、ポップ・フューチャリズムや問題志向の作業よりも深いものである。スローターの批判的未来アプローチは、取り組むべき世界観の根底にあるものへの理解を目的として、社会的・文化的生活の解体と再構築を行う。スローターは四つ目の最も深い階層を「認識論的未来」と呼んでいる。このレベルでは、より本質的な哲学的、社会学的未来研究が行われ、時間や宇宙論の深い研究が含まれることもある。スローターの一九九〇年代の階層的類型論は、イナヤトゥラの「階層的方法論」（彼は「因果的階層分析」と呼んでいる）の基礎として使われた。スローターは未来学を「メタ学問」と呼んでいる。

すなわち、さまざまな情報源からの資料、データ、アイデア、ツールなどを統合する方法という意味合いでの「メタ―」であり、うまく機能すれば、人間の未来の構成に関する規律的な探究を明確にサポートする意味での「学問」である。

スローターはまた、一九九〇年代半ば、未来学の言語と概念の重要な整理に尽力した。スローターは、増え続ける未来に関する文献を整理し、一連の編著『未来学の基礎知識』を刊行する必要性を認識した。スローターは同書をこの分野の体系化と見なさぬよう読者に注意を促しながら、数年にわたり世界各地の数十人の未来学者や実務家からの寄稿をまとめた。スローターは最初の三巻で重要な要素として、言語、概念、メタファー、理論、アイデア、イメージ、文献、組織、ネットワーク、実践者、方法論とツール、社会運動とイノベーションを挙げている。

時間意識の未来

哲学者や社会学者とともに、未来学者も時間と未来との複雑な関係についての考えを深めるために重要な貢献をしてきた。エリス・ボールディングは「二百年現在」という概念を提唱した。この概念は、現在のタイムスパンを百年前から始め、当時生まれた人々が現在百歳であると考えるものである。ボールディングの二百年現在のもう一方の端は、現在生まれている赤ん坊が百歳になる百年後である。このように考えると、私たちは二百年現在の真ん中に立っており、後ろには祖父母が、前には孫がいることになる。この視点は、今日の行動がもたらす長期的な結果と私たちをより強く結び付ける傾向がある。そして、ボールディングが思い起こさせるように「この現在というのは絶えず動いている瞬間であり、私たちが今いる日から前後百年の方向まで常に続いている」。

スチュワート・ブランドが共同設立した「ロング・ナウ協会」という組織には、「ロング・ナウ」という概念が組み込まれている。その目的は、短期主義への制度的な対抗軸を打ち出し、長期的な思考を促し、一万年という超長期的な枠組みについての思考と責任を涵養することである。この野心的なプロジェクトを実現するために、ロング・ナウ協会は一万年時計を製作中である(図7参照)。ロンドン博物館に保管されている試作品は、一九九九年十二月三十一日から時を刻んでいる。「六つの文字盤は、年、世紀、地平線、太陽の位置、月の満ち欠け、夜空の星を表している」。

ガルトゥングはイナヤトゥラとともに、現在と起こり得る未来を理解するために、長い歴史的期間にわたる大きな変化のパターンに注目する方法として、未来学との関連でマクロの歴史の考えを発展させた。一九八九年に歴史学者デイヴィッド・クリスチャンによって開拓されたビッグヒストリーの考え方は、マクロヒストリーと近しいものである。クリスチャンは、経済史、政治史、社会史、その他の歴史形態に分け隔てるサイロイズムを回避し、全体史を書こうとしたフランスの歴史家らのアナール学派に触発された。ビッグヒストリーは、ビッグバンか

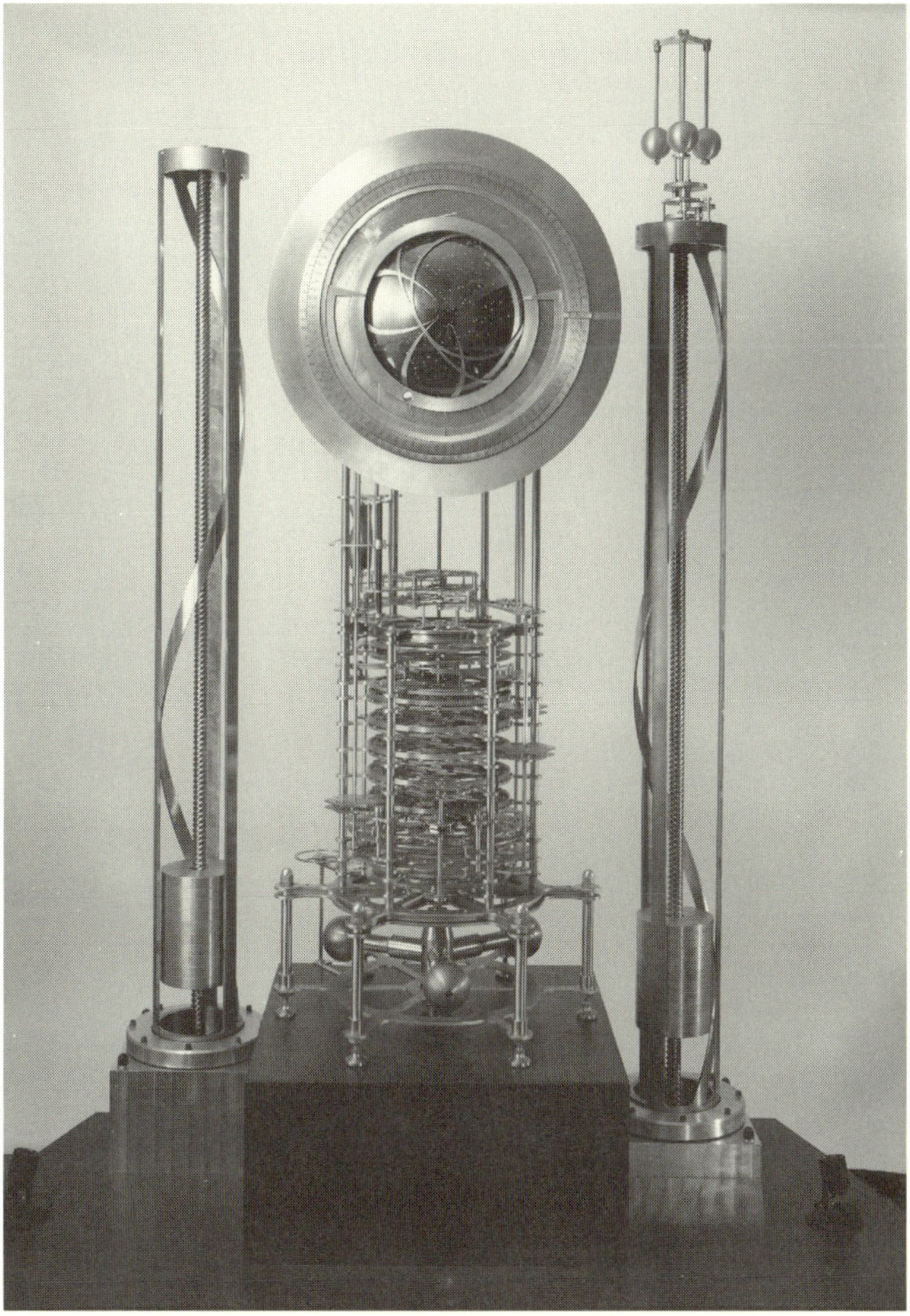

図7　ロング・ナウ・クロック：1999年に初めて稼働したロング・ナウ協会の
1万年時計の模型。ロンドン科学博物館に貸し出されている。

ら現在までの宇宙論的時間の中で、人間の生活と文化を文脈付けている。ボロスは、ビッグヒストリーと未来研究の間に概念的な架け橋を築こうとしている。

ゲプサーの「時間の具体化」という概念は、現代に出現しつつあるインテグラル（統合的）な意識によって時間がどのように経験されるかを特徴付けるものである。ゲプサーの理解するインテグラルな意識は、現代的・伝統的なアプローチのように、神話的・循環的な時間と現代的・直線的な時間を対立させるものではない。その代わりに、ゲプサーの時間の具体化には意識の強化が含まれ、それによって私たちは、時間を経験するさまざまな方法を含む意識の構造すべてを、完全に意識的な同じ瞬間に再統合することができるのである。ゲプサーは、ピカソの顔の肖像画は、一枚の肖像画の中で同じ顔を異なる瞬間に描いている点で、このことを視覚的に示そうとした進化的な試みだと主張している。

ゲプサーは、さらに二つの関連用語を用いて、時間の具体化を理解する手助けをしている。一つ目、「隠されているもの」を意味する「潜在」は、ゲプサーにとって「未来の実証可能な存在」である。それは、まだ顕在化していないすべてのものを含む。もう一つ、ゲプサーの「現在化」という概念は、過去と未来の存在を統合するものである。ゲプサーは、未来の潜在を経験する能力が時間の自由、すなわち「時間から解放され、精神的な自由を得る」ことにつながると主張している。時間と未来の新しい概念と関係に関連するこれらの哲学的概念は、別の本の注目に値することは言うまでもない。

未来教育と学問

二十一世紀に予想される不確実で複雑な未来にどう備えるべきか、現在、世界中で何百もの組織が話し合いを試みている。未来教育はこのプロセスを支援するものである。

一九六六年以来、アメリカではニューヨークのニュースクール・フォア・ソーシャルリサーチのアルビン・トフラー、バージニア工科大学のジェイムズ・データー、イェール大学のウェンデル・ベルによって未来教育が始まった。その後十年以上にわたって、大学の講座や研究センターが次々と設立され、より学術的な未来研究の段階が始まった。ハワイ未来学センターは一九七一年に設立された。一九七三年には、マリア・コシェギ・カラスとエルジェーベト・ギダイが、ハンガリー科学アカデミーの未来研究委員会と共同で、ハンガリーで研究を開始した。翌年、テキサス州のヒューストン大学クリアレイク校は、未来学の修士課程を開講した（一九七四年）。

一九七五年、ガルトゥングはドブロブニクに大学間センターを設立した。学問の自由を基盤に、ヨーロッパの東部と西部、場合によっては世界から教員と学生を集める大学センターを創設するという構想であった。マシーニやバート・ヴァン・スティーンベルゲンをはじめとする世界未来学連盟の多くのメンバーが参加し、世界未来学連盟と連携して、毎年、未来学講座が開かれた。センターは戦争に伴い、一九九〇年に閉鎖された。一九七六年には、ローマのグレゴリアン大学社会科学部に、世界初の未来学教授エレオノーラ・マシーニが誕生した。一九八〇年にはペンッティ・マラスカがフィンランド未来学会を設立し、一九九二年にはフィンランド未来研究センターが設立された。一九八九年、エルジェーベト・ノヴァーキーがブダペスト・コルヴィヌス大学未来学部長に就任した。

一九九〇年代半ばからは、オーストラリアやアジア太平洋地域でも未来学講座が始まった。一九九五年、ポール・ワイルドマンが創設したオーストラリアのサザンクロス大学が、世界初のオンライン未来学修士課程を設けた。二〇〇〇年にはオーストラリアのスウィンバーン大学が戦略的先見性の修士課程を開設した。二〇〇二年からは台湾の淡江大学未来学大学院が未来学に重点を置いた教育学修士課程を開設した。また同じ二〇〇二年には、ボゴタにあるコロンビア外語大学にも修士課程が設立され、先見性と戦略を専門分野としている。

修士課程だけでなく、未来学やフォーサイトの学部課程や短期コースを提供している大学やカレッジは世界中に数多くある。米国による「イラン」制裁解除直前の二〇一五年には、テヘランでＷＦＳＦ公認の新しい未来学入門コースが開講された。こうした動きは、未来教育の継続的な成長と多様化を示唆している。

第四章　水晶玉、空飛ぶ車、ロボット

未来のトリビアと誤解

概念的、方法論的に革新的であり、現実の世界の問題に関わる未来学の文献が数多くあるにもかかわらず、学術界、専門家、官僚の間には誤解があふれている。「未来」という用語は、既刊の未来学関連資料を参照することのないまま、こうした世界でますます多く使われるようになっている。その結果、未来に関する文献は過小評価され、意思決定者や政策立案者はほとんど意に介さずに仕事をしている。これはなぜだろうか。いくつか理由がある。

第一に、未来学は学際的な性質を持っているため、学問分野をベースとした学術誌には掲載されにくい。第二に、一部の未来学者たちは、あたかも先見の明が世界を救う新たな大理論であるかのように、未来の概念や手法をイデオロギー化している。これは知識の交換や循環というよりも、学問的なサイロイズムを助長している。第三の課題は、未来／先見性のジャーナルは未来／先見性の論文を最も受け入れやすい学術誌であるため、未来関連文献が他の学術的言説から切り離されやすい。私が懸念しているのは、未来研究が自らの領域内で孤立し過ぎると、この分野が他の最先端の言説に追いつけなくなる恐れがあるということである。さらに、他分野が利用可能な未来のリソースを逃し続けることになる。複雑で困難な時代だからこそ、未来学にとっても、より広い世界にとっても、未来文献のコーパスに広くアクセスできることが重要なのである。クライビッチは『明日の危機のすべて』の中で警告を発している。

この科学知識を無視して未来を創造すれば、人類の自滅を含む致命的な結果を招く可能性が高い。

このような問題をさらに悪化させているのは、未来学がメディアで取り上げられる際、誤った報道がなされることが多いためである。その一端は、未来学がもっぱら現在のトレンドからの外挿に基づく予測や予想に関わる分野であるという誤解である。もう一方は、未来は本質的に不可知であり、それゆえ未来学は根拠のない憶測に過ぎないという考え方である。予測的な手法に頼る未来学者も多いし、調査不足の憶測ファンタジーに興じるポップな未来学者もいるが、こうした極端な意見は未来学の領域を正しく反映していない。

未来学について書かれた学術書や、未来学の概念、理論、方法について学べる大学の講座がどれだけあっても、メディアはこの分野を矮小化することが多い。最も一般的な矮小化は、未来学者が水晶玉を見るような人たちだと見下されることである。第二の矮小化は、未来学者がハイテク、特に空飛ぶ機械や宇宙技術、そしてSFに関わっているという偏見である。第三に、未来学はロボット工学やドローン、人工知能に関わるものだという考えである。

水晶玉の不思議なケース

数年前、私は世界未来学連盟の会長に就任した関係で、オーストラリアの二つの雑誌の記者からインタビューを受けた。どちらの雑誌も未来学についてバランスの取れた情報に基づいた記事を書いていると主張し、実際その通りであった。にもかかわらず、私はどちらも水晶玉という視覚的な比喩を使って記事を説明していることに気付き、驚かされた。さらに驚くべきことに、パリのグランゼコールのある研究者が、二〇一六年に水晶玉の画像を使って予測の歴史に関するイベントを開催し、それを宣伝していた。

水晶玉が未来思考の象徴として頻繁に登場するこの奇妙な事象は、人間の心理の奥深くに何かあるのではないか、人類が未来を把握するために占いやお守りを使っていた頃の集合的な記憶のようなものと結び付いているのではないかと思わせる。この文化的な記憶は、古代のドルイドの時代まで遡るが、無意識のうちにせよ、今日でも私たちに霊感を与えている。

もう一つ考えられるのは、未来学という学問があまりに難解なため、メディアが防衛策として矮小化に走るということである。あるインタビュアーは、現代の未来学と古代の黒魔術を混同するような質問をしてきた。私は未来にアプローチする方法の複雑さについて、シビュラの神託よりもむしろ近時の洞察を教えた。

本書が終わるころには、自明でない未来の複雑さについてより広い視野を持ち、次に未来に関する記事の挿絵に水晶玉が使われているのを見たときには、考えが変わっていることを願う。

空を飛ぶことへの七世紀の憧れ

少なくとも十三世紀以降、未来のビジョンには、人間が空を飛ぶための発明が含まれていた。ロジャー・ベーコンの一二六〇年のビジョンには、今日のヘリコプターに似たものが描かれていた。一四〇〇年代後半には、レオナルド・ダ・ヴィンチがヘリコプターのスケッチを描いている。フランシス・ゴドウィンが描いた一六三八年の月への旅では、野生の白鳥の群れに連れ去られた。一七八三年のモンゴルフィエの気球イベントは、想像上の空飛ぶマシンの幻影の数々を思い起こさせた。このような繰り返しを経て、ベーコンの構想が二十世紀に現実のものとなるまで七百年を要した。不思議なことに、最新のハイテクの空飛ぶ機械は、手のひらに収まる小型のナ、ノ、コ、プ、タ、ー、である。自律飛行か遠隔操作で飛行し、カメラを搭載して極小の場所を偵察することができる。ベーコンやダ・ヴィンチはそのようなことを夢想しただろうか。

ヨーロッパでもアメリカでも、一九〇〇年代の典型的な未来のイメージは個人用飛行機械だった。一九〇〇年のフランスでは、二〇〇〇年の生活のテクノ・ユートピア的イメージを描いた一連の未来絵葉書が作られた。日常業務をこなしながら空を飛ぶ人間の姿を描いた絵葉書は、驚くほど多かった（図8と図9参照）。これまでのところ、その実現には至っていない。

スロバキアのエアロモービル社は、二〇一七年に二十万米ドルほどで発売予定の自家用の空

図8　ジャン＝マルク・コテによる空飛ぶ消防士、1899年。フランスの展覧会「2000年のビジョン」（1900年）に展示された空中消防士のイラスト。

飛ぶ車を設計し、特許を取得した。比較的近い将来、個人用の空飛ぶ車を所有する人が出てくることは間違いないだろう。しかし、地球上の大多数の人々にとっての妥当性はどうだろうか。二〇一四年の世界の一人当たり世帯年収の中央値が二九二〇ドル（ギャラップ・メトリックス調べ）であることを考えると、超富裕層以外には手の届かない価格設定だろう。富裕層上位十人の一人当たり年間所得の中央値が、貧困層上位十人の所得の五十倍以上であることを念頭に置けば、サハラ砂漠以南のアフリカですぐに空飛ぶ車がたくさん見られるとは思えない。興味深いのは、一九〇〇年代のイメージ（図9参照）と現在のイメージ（図10）の類似性である。

ロボットへの挑戦

ロボットという言葉は、一九二一年にチェコの劇作家カレル・チャペックの戯曲『R.U.R.』（*Rossum's Universal*

図9　1900年代に想像された未来的な空飛ぶ車、1900年頃。ハリー・グラント・ダートの絵画。

図10　スロバキアのエアロモービル社から2017年に発売が提案されている空飛ぶ車（2015年）

Robots）の作中、人型機械知能が登場する場面で初めて使われた。この戯曲では、人間の使用人となる人工人間を製造する工場が描かれる。それ以来、ロボットは近未来的なトリビアの中でありふれている。一九二〇年代後半には、ウェスチングハウスのような営利企業が、メカニカル・ワンダー・ロボット「テレボックス」を売り出すことで、一般家庭の未来的想像力を掻き立てるチャンスをつかんでいた（図11参照）。

一九四二年、アイザック・アシモフは、『われはロボット』という短編集を出版した。このシリーズの中で、アシモフは「ロボット三原則（ロボット工学三原則）」を考案した（ＢＯＸ２）。これらの法則は、ＳＦシリーズの一部とはいえ、ロボットや人工知能の領域全体が、これらの法則を組み込めば人間に害を及ぼすことはないと、私たち人間を納得させることに成功した。近年

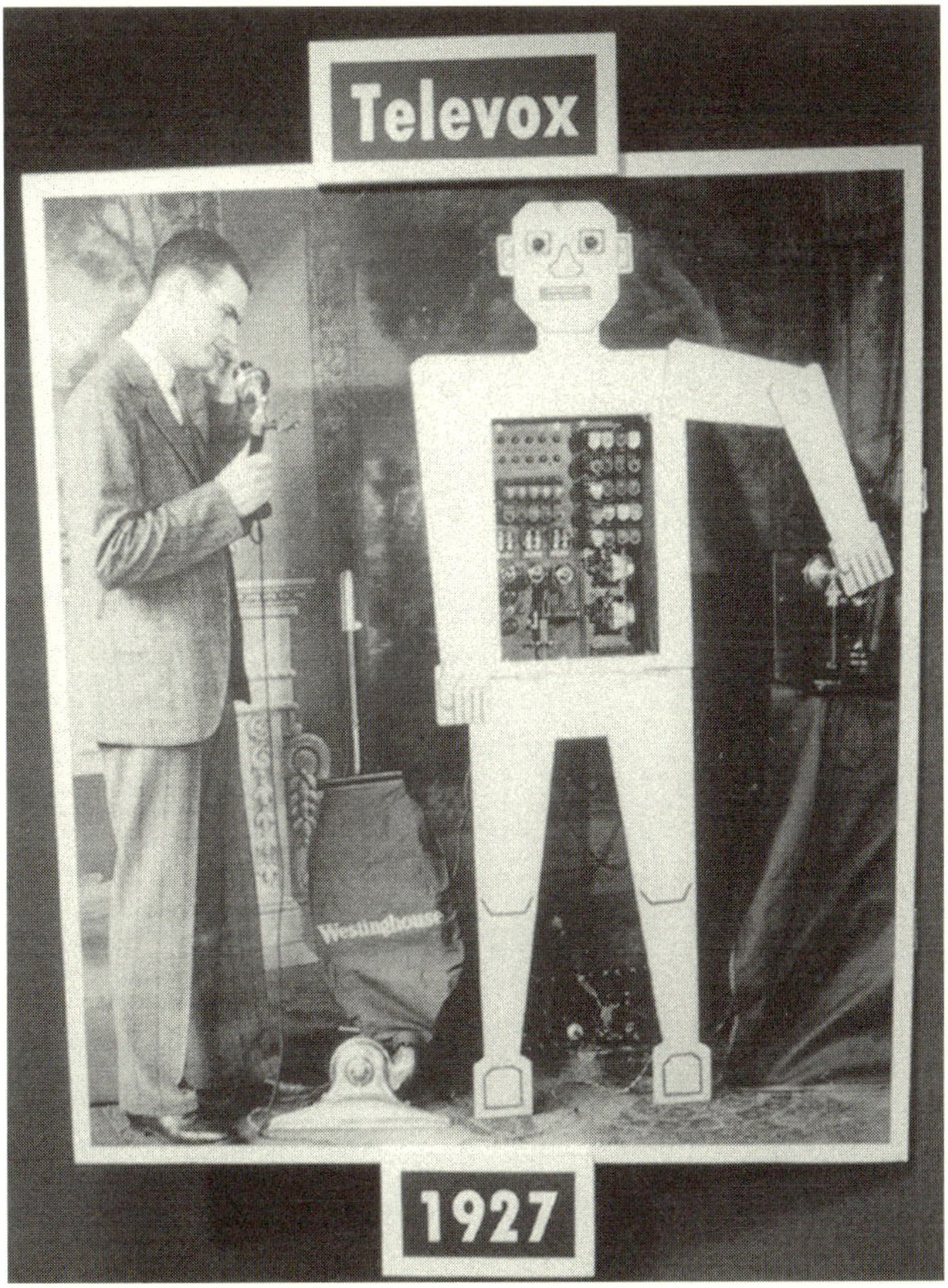

図 11　ハーバート・テレボックス、1927 年。1927 年にロイ・ウェンズリーによって製作されたウェスチングハウス・エレクトリック・アンド・マニュファクチャリング社初のロボット。

Box 2　アイザック・アシモフのロボット3原則

一．ロボットは人間を傷つけてはならないし、不作為によって人間に危害を加えてはならない。

二．ロボットは、第一法則に抵触する場合を除き、人間から与えられた命令に従わなければならない。

三．ロボットは、第一法則または第二法則に抵触しない限り、自らの存在を守らなければならない。

のロボット工学と人工知能の発展に照らすと、この見方はかなりナイーブだったようでもある。

では、現在のロボット工学はどのような状況にあり、将来の展望はどうなっているのだろうか。

アメリカにおける初期の未来研究の背後にある政治と類似している点として、ロボット工学の科学は、戦争マシンを作るためにアメリカの軍産複合体によって多額の資金が提供され、支援されている。研究者のブレーデン・アレンビーとダニエル・サレヴィッツは、『テクノロジーと人間の新しい関係』（二〇一一年）の中で、アメリカには二〇〇二年には軍用ロボットがなかったが、二〇〇八年末には一万二千台になっていたと記している。

国連が「殺傷能力のある自律型ロボット（ＬＡＲｓ／ＬＡＷＳ）」と呼ぶものは、「いったん起動すれば、人間の介入なしに標的を選んで攻撃できる兵器システム」である。二〇一四年にジュネーブで開催された国連の特定通常兵器に関する条約（CCW）において、国連はこれらの致死的な自律型戦争マシンの「試験、生産、組み立て、移転、取得、配備、使用」に対する各国のモラトリアムを呼びかけた。一方、フィナンシャル・タイムズ紙は二〇一六年二月、米国防総省がハイテク戦争で中国やロシアを凌駕する準備を進めていると報じた。その最新の動きは、シリコンバレーとボストンに事務所を設置し、ロボット工学と自律走行車の兵器を増やすために、民間のハイテク企業と連携することである。

ロボットの開発を奨励し、加速させるために、米国防高等研究計画局（DARPA）はロボットのコンペティション「DARPAチャレンジ」を創設した。DARPAのウェブサイトによると、DARPAの使命は「国家安全保障のための画期的技術の創造」である。DARPAの優先事項は、ロボティクス・チャレンジ・ワークショップのモットー「より良いロボットからより良い未来へ」に表れている。これは、世界の多くにとって、より良い未来の狭まったビジョンである。これまでのところ、最も成功したロボットはボストン・ダイナミクスの製品で、同社は米海軍、陸軍、海兵隊のロボット製造を支援している。ボストン・ダイナミクスの使命は、「驚くべき機動性、敏捷性、器用さ、スピードを備えた、地球上で最も先進的なロボットを作ること」である。二〇一三年のDARPAチャレンジは、ボストン・ダイナミクスのプレミアム・ロボット「アトラス」が優勝した（図12参照）。このイベントの直前に、グーグルは同社を買収した。グーグルのリソースを自由に使えるようになったボストン・ダイナミクスは、ワイ

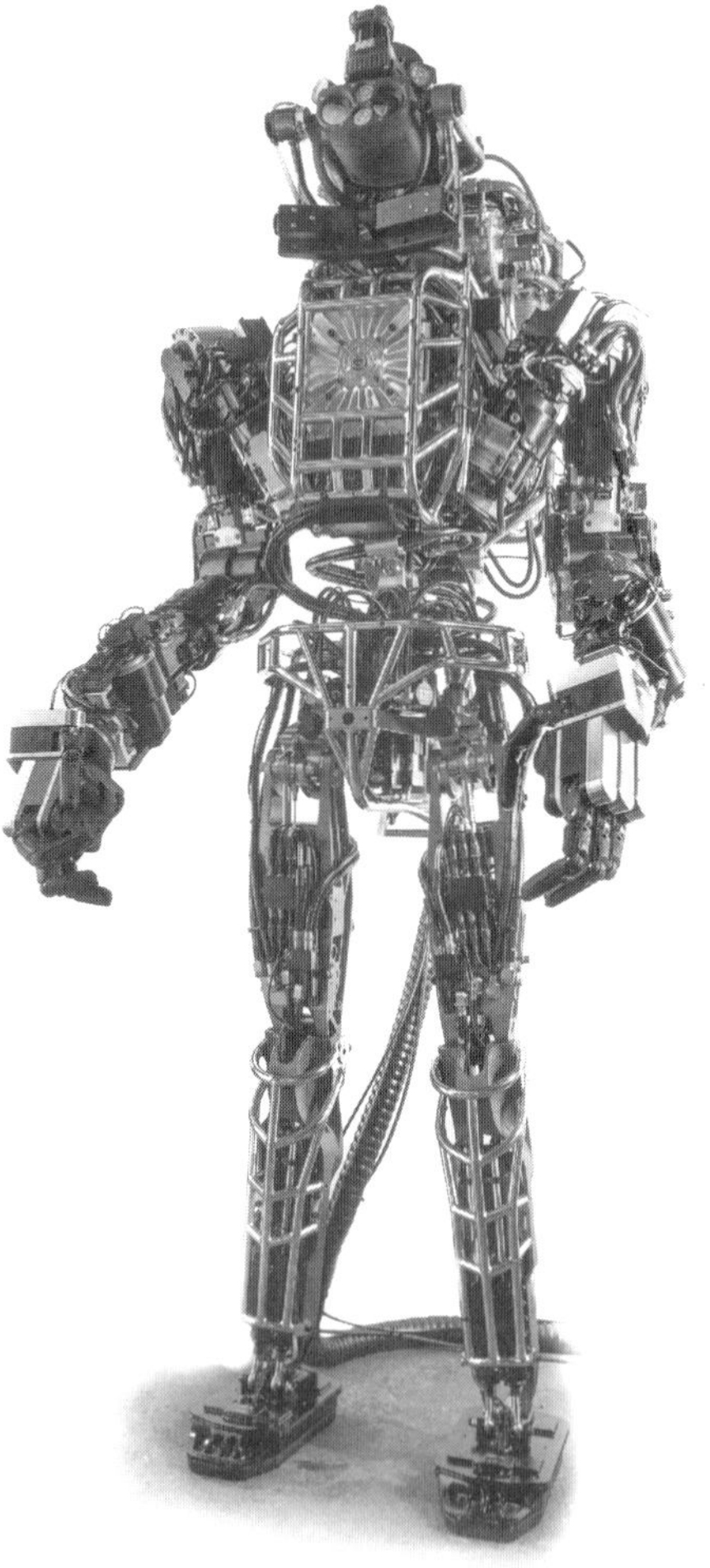

図 12　ボストン・ダイナミクスが製作した人型ロボット「アトラス」は、2013 年の DARPA チャレンジで優勝した。グーグルはボストン・ダイナミクスを所有していた。

ヤレス技術で動作する、よりスマートな新型の「アトラス・アンプラグド」で、二〇一五年のＤＡＲＰＡチャレンジに勝利した。グーグルとボストン・ダイナミクスの関係は短命のようで、この本を書いている時点ではボストン・ダイナミクスを売却しようとしている。アトラスが私たちの存亡を脅かしかねない場合に備えて、ＮＡＳＡはスーパー・ヒーロー・ロボットと呼ぶ「ヴァルキリー」を開発した。

この高度に資源を投入した競争は、私に多くの疑問を残している。食料と水の安全保障、気候危機、資源の枯渇と経済格差、紛争とテロリズム、世界各地での教育不足など、世界で最も困難なグローバルな課題に対処するために、ロボットはどのように役立つのだろうか。そして、なぜその多くが、ガンディーやマザー・テレサではなく、ターミネーターのような姿をしているのだろうか。

スウェーデンの哲学者ニック・ボストロムは、二〇一〇年までに世界のロボット人口は千万人を超えたと推定している。国際ロボット連盟（ＩＦＲ）が現在発表している予測では、二〇一八年までに個人向けのサービスロボットの世界販売台数は約三千五百万台にまで増加するという。ＩＦＲが発表したもう一つの興味深い統計は、二〇一四年の世界のロボット販売台数の七〇％がわずか五カ国に集中しているというものだ。中国、日本、米国、韓国、ドイツである。これらのロボットがどのような用途に使われているかは、推測するしかない。

トランスヒューマニズムにおける失われた人間

生産されるロボットの数の多さ以上に大きな課題は、人間と機械の溝を埋めようとする一部の開発者たちの野心である。すなわち、テクノロジーによって人間の能力を向上させたり、機械を人間よりも賢くしようとしたりするのである。

今日の一般的な意味でのトランスヒューマニズムは、テクノロジーによる人間の能力の強化や拡張と表裏一体の関係にある。これは、二十世紀半ばにテイヤール・ド・シャルダンやジュリアン・ハクスリーらの進化論的ヒューマニズムに根ざした哲学的概念として始まったトランスヒューマニズムの原型を、技術的に流用したものである。

一九九八年、ボストロムはデイヴィッド・ピアースとともに「世界トランスヒューマニスト協会」を設立した。ボストロムの関心は、トランスヒューマニズムに内在するさまざまな学派のための広範なプラットフォームを構築し、技術強化がもたらす潜在的な利益とリスクについて、学術的な場だけでなく、より広範な人々の意識を高めることであった。彼はトランスヒューマニズムを次のように定義している。

トランスヒューマニズムは、技術の進歩によってもたらされる人間の状態や生体を向上させる機会を理解し、評価するための学際的なアプローチを促進するものである。

二〇〇五年、オックスフォード大学のオックスフォード・マーティン・スクールは、ボストロムを会長に任命し、「人類の未来研究所」を設立した。当初は、進歩するテクノロジーによる人間、特に認知機能の強化に強い関心を寄せていた。最近では、実存的リスク、倫理、利他主義、そして人類の未来に対する大きな問いに焦点を当てるようになっている。ボストロムは、トランスヒューマニズム思想の歴史とトランスヒューマニズムの価値観の両方を発表している。ボストロムは、世俗的ヒューマニズムもまた人類の進歩と向上に関心を寄せていたが、その手段は教育と文化的洗練によるものであったと指摘する。対照的に、ボストロムによれば、トランスヒューマニズムは「医学と技術を直接応用し、人間の基本的な生物学的限界を克服する」ものである。トランスヒューマニズムは、遺伝子工学やＩＴのような既存の技術だけでなく、分子ナノテクノロジーや人工知能のような現在も発明されつつある技術の両方に関係している。テクノ・トランスヒューマニストが提唱する命題は、技術決定論のイデオロギーに基づいている。つまり、社会の発展とその文化的価値は、人類そのものではなく、その社会の技術によって左右されるということである。

ボストロムは、トランスヒューマニズムは技術的楽観主義を伴うものではないと主張する。彼は常々、「知的生命体が絶滅する極端な可能性」など、潜在的な危害のリスクを指摘している。それほど劇的でない悪影響としては、社会的不平等のさらなる拡大、個人的な人間関係や人間の主体性の緩やかな喪失、環境の健全性と生物多様性の継続的な喪失などが挙げられる。

テクノ・トランスヒューマニズム運動には、複数のイデオロギー的潮流がある。すべてが一致しているわけではないし、ポストロムの慎重な見方を共有しているわけでもない。パラダイス工学、シンギュラリティ主義、人工超知能といった極端なテクノ・ユートピア主義もあれば、民主的、理論的トランスヒューマニズムといった穏健でリスクを考慮した考え方もある。トランスヒューマニズム運動は、バイオパンク、サイバーパンク、バイオハッカーなどの傍流（フリンジ）的要素も引き寄せている。こうした二十一世紀の技術礼賛のテクノ・エンハンスメント理論が、コントやスペンサーの十九世紀の社会工学と倫理的にどれほど異なるものなのか、疑問に思わざるを得ない。

スーパーマン・コンプレックスとしてのポストヒューマニズム

ポストヒューマニズムという言葉は、さまざまな文脈で異なる意味合いで用いられている。ボストロムにとってポストヒューマンとは、少なくとも一つのポストヒューマン能力を持つ人間のことであり、「新たな技術的手段に頼ることなく、現在の人間が到達可能な最大値を大幅に超える一般的な中心的能力」を意味する。一般的な中心的能力とは、健康寿命、認知能力、感情を指す。ポストヒューマンは本質的に新しい、あるいはハイブリッドな種である。関連概念として、サイボーグやアンドロイドがある。サイボーグという用語は「サイバネティック・オーガニズム」の短縮形であり、一九六〇年代にサイバネティクスから生まれた。しかし、人間と機械のハイブリッドという概念は、メアリ・シェリーのフランケンシュタインの怪物に端を発し、二百年近く前からSFの世界で使われてきた。アンドロイドは人間の形をしたロボットである（図12参照）。この概念は、いわゆる機械の超知能を作り出そうという最近のハイテクの動きと結び付いている。映画キャラクターのターミネーターはサイボーグである。

最も声高に主張するハイテクのトランスヒューマニストたちは、二十世紀初頭から半ばの北米で主流だったスーパーマンから発展したような野望を抱いている。彼らのトランスヒューマニズムには、人間の機能を技術的に飛躍的に向上させ、最終的には人間と機械が融合したシンギュラリティ（特異点）やポストヒューマニズムを実現するという考え方が含まれている。シンギュラリティは、人間の知性を超える人工超知能（ASI）と関連付いている。ポストロムは、シンギュラリティという言葉の使用を避け、「シンギュラリティは、多くの異なる意味で混同して使われ、テクノ・ユートピア的な意味合いの不浄な（しかしほとんど〔キリスト教終末論の〕千年至福的な）オーラを帯びている」と主張する。彼は、機械が超知能を持つという見通しに焦点を当て、その危険性に警鐘を鳴らし、潜在的な存亡の危機を遠ざけるための対処法を好んで論じる。

未来のシンギュラリティ（人類が生物学を超越する）のようなもののアイデアは新しいものではない。SF作家で数学教授のヴァーナー・ヴィンジは、一九九三年にNASAルイス・リサーチ・センターが主催したビジョン21シンポジウムでシンギュラリティのアイデアを紹介した。彼は、ジョン・フォン・ノイマンが一九五〇年代にすでに技術的特異点の到来と、テクノロジーが加速度的に進歩した結果訪れる人間の営みの終焉について語っていたと論じた。ヴィンジは、二〇〇五年から二〇三〇年の間に超人的な知性を創造する技術的手段を手に入れると予測し、これによって人類の時代が終わると主張した。

グーグルのエンジニアであるレイ・カーツワイルは、シンギュラリティの概念を広めようとしている。驚くべきことではないが、カーツワイルが予測するシンギュラリティの到来時期、二〇二九年は、ヴィンジの日付とぴったり重なる。映画『ターミネーター』に登場するサイボーグの殺し屋が、二〇二九年に秩序を回復するために送り込まれたのは偶然の一致だろうか。カーツワイルはこのコンセプトをさらに押し広げるため、二〇〇九年にピーター・ディアマンディスと共同でシリコンバレーにシンギュラリティ大学を設立した。シンギュラリティ大学の使命は、加速するテクノロジーを使って「人類の最も困難な問題」に対処することである。彼らの極端なテクノトピアニズムを示す手掛かりは、人類を多惑星種と見なし、人類に「絶滅レベルの出来事に対する一種の種の生存保険」を提供するために、他の惑星（火星など）の植民地化を目指していることにある。カーツワイルはシンギュラリティを必然的な経験的傾向としているが、彼のミッションはまるでSFの筋書きのようである。シンギュラリティ大学のロゴとスーパーマンのロゴが酷似していることも見逃せない。

加速するテクノロジーを解き放つとき、人類を助けるための本物のプロジェクトと、巨費を要する救世主のような思い上がりを、どのように区別すべきかを自問する必要がある。クラークは一九七九年、こうした動きを先取りしていた。

未来の物語は、産業社会の夢の時間である。人間の経験の中にある神話的な根源にまで手を伸ばし、至高の力の源、あらゆる制限を超越する手段、絶対的な完全性を達成する機会を見いだそうとする。

第五のAIの冬

二十一世紀におけるトランスヒューマニストの言説の多くは、歴史的、社会学的な素朴さを反映している。ボストロム以外のトランスヒューマニストの作家たちは、未来を予測し、コントロールし、理解しようとする人類の三千年の歴史に気付いていないように思われる。トランスヒューマニストの多くは、コルヌコピア主義の物語に身を置いているが、テクノ・ユートピアニズム（あるいはコルヌコピア主義）とテクノ・ディストピアニズム（あるいはマルサス主義）の歴史的な波が交互に押し寄せていることに気付いていないようである。

ネオ・コルヌコピア主義とは、テクノロジーがすべてを解決してくれるという奔放な楽観主義である。批判的未来の文献では「テクノフィックス解決策」と呼ばれ、その仲間にはカーツワイル、ピアース、バイロン・リースらがいる。カーツワイルは、人間はテクノロジーを積極的に利用でき、また利用するようになると主張し、テクノロジーは人間に取って代わるものではなく、われわれの生活を改善し、拡張するものだと述べている。ピアースは、著書『快楽的要請』の中で、あらゆる形態の残酷さ、苦しみ、倦怠感をなくすための生物学的プログラムを提唱し、そのパラダイス工学について述べている。遺伝子工学とナノテクノロジーを駆使したピアースのアプローチは、二十一世紀版の社会的ダーウィニズムのように聞こえる。リースは、インターネットとテクノロジーが「無知、病気、貧困、飢餓、戦争」を終わらせ、宇宙を植民地化し、それぞれ十億人が住む十億の惑星ができると信じている。SFのような著書『無限の成長』の中で、リースはこう説いている。

われわれは、生命を持たない岩石や惑星に着陸し、炭素、水素、酸素、その他われわれが必要とするあらゆるもので満たされるように、原子レベルで地層を形成するナノマシンを宇宙に打ち上げるだろう。大気が形成され、植物が播種され、入植者がやってくる。

新マルサス主義者は、人口増加、環境、気候、そして未来について悲観的である。二十世紀の重要な書物には、ポール・エーリッヒの『人口爆弾』（一九六八年）とローマクラブへの報告書『成長の限界』（一九七二年）がある。バッシュフォードは、ジュリアン・ハクスリーはマルサス主義者だったと主張している。

ロボット工学やＡＩに関連する技術の急激な成長に伴い、世界的なテロ行為が増加する中、科学者、哲学者、ＡＩ資金提供者は鋭い警告を発している。ボストロムの著書『スーパーインテリジェンス――超絶ＡＩと人類の命運』（二〇一四年）は、これまでのところ、この問題を最も包括的に論じている。ボストロムは、人工知能の試みの歴史、開発の可能性、成功の確実性、リスクと危険性について詳細に概観している。理論物理学者であり数学者でもあるスティーヴン・ホーキング博士は、人間の現在の能力に匹敵するあるいは凌駕する可能性を秘めた将来の「超知的創造物」がもたらす悲惨な結果について、率直な懸念を吐露している。彼の懸念は、もし完全な人工知能の開発が達成されれば、それは人類の終焉を意味するかもしれないということである。テスラやスペースＸの創業者であるイーロン・マスクは、ＭＩＴ航空宇宙学科の百周年記念シンポジウム（二〇一四年）で懸念を口にした。かつて熱狂的なＡＩファンだったマスクは、人工知能がわれわれの最大の存亡の危機になり得ると警告した。彼は国や国際レベルでの規制監督を求め、研究に数百万ドルを拠出している。ボストロム、ホーキング、マスクのように、ネオ・コルヌコピアのアーリーアダプター（初期支持者）の中には、今後の存亡の危機について声高に主張する者も出てきている。「デジタル反対派の長」として知られるジャロン・ラニアーは、過激なパーティーの後、最初に酔いから覚めた男だと自任している。シリコンバレーの文化を痛烈に批判するラニアーは、シリコンバレーが「人間を巨大な機械の中の電線のように扱っている」と主張する。シリコンバレーは新たなハイテク億万長者たちの本拠地であり、今や米国防総省のオフィスにもなっている。

アレンビーとサレヴィッツが議論したキラーアプリに関する研究は、前述の懸念に十分な理由があることを示している。十九世紀のマルサス派とコルヌコピア派の緊張関係は、ハイテクを駆使したトランスヒューマニズムに対しても繰り返されようとしている。

ボストロムは、直観に反した興味深い展開として、一九五〇年代以降、AIの見通しについて誇大宣伝と期待が高まった時期（一九五〇年代、一九七〇年代、一九八〇年代、一九九〇年代）があり、その後、彼が「AIの冬」と呼ぶ挫折と失望の時期が続いたと指摘している。人間の意識を複製するというカーツワイルの単純化された信念にまつわるシンギュラリティの到来に関する誇大宣伝と熱狂の高まりは、五度目のAIの冬の前ぶれかもしれない。

非人間化批評

テクノロジーの過剰な拡張に対する最も強い批判は、非人間化という主張を伴うものであり、こうした主張は新しくはない。電子時代のカナダの哲学者マーシャル・マクルーハンは、主にテクノ・ユートピア主義者であったが、批判的な思想家でもあり、数十年前、人間がテクノロジーに拡張され過ぎることに警鐘を鳴らしていた。マクルーハンは、「メディアによる人間の拡張はすべて切断である」と主張したことで知られる。例えば、自動車を手に入れたら、もう歩いて買い物に行くことはない。コンピュータのハードディスクを手に入れたら、物事を記憶する必要はない。マクルーハンの哲学に基づけば、私たちは本のような活字媒体ではなく、写真だらけのスクリーンに依存しているため、ポストリテラシーになりつつある。このように、テクノ・エンハンスメントやバイオ・エンハンスメントによる人間の能力の拡張が、人間の高次の能力の自然な進化に停滞をもたらす可能性はある。

ルイス・マンフォードは、行き過ぎた技術拡張の危険性を、有機的ヒューマニズムに基づいて批判した。このアプローチの一環として、マンフォードは同時代の宇宙探査は技術的自己顕示欲の一形態であると考えた。火星を植民地化するというカーツワイルの計画や、地層を形成するナノマシンを宇宙に打ち上げるというリースの構想について、彼はどう思うだろうか。しかし、おそらくこれらのナノマシンは、旅の途中で監視サイボーグ昆虫の群れに出会うだろう。マンフォードは著書『生き延びる価値』（一九四六年）の中で、人間主義的な優先順位を明確にしている。

> もしバランスの取れた人間を創造し、善意ある他のすべての人々と世界的な協力関係を築こうとするならば……私たちは科学や発明、実用的な組織と同じように、感情の喚起や道徳的・美的価値の表現に重きを置かなければならない。

知能心理学の観点からすれば、人工知能という言葉は矛盾している。本来、知性は人工的なものではあり得ず、その計り知れない複雑さは人工性という概念を否定する。私たちは、「機械知性」という概念の正体を「擬人化」と名付ける勇気が必要なのだ。人工知能の研究者たちが、自分たちの言う知能とは何かを定義し、それが意識とどのように関係しているのかを説明できるようになるまでは、人工知能という用語は普遍的な意味を伴わない言葉にとどまらなければならない。人工知能と呼ばれるものは、せいぜい機械の能力以上の意味はない。新たに拵えられた機械の超知能については、それは抑えきれない思い上がりに過ぎない。

第五章　テクノトピア的な未来か、人間中心の未来か？

対照的な人類の未来

未来に関する重要な問題は、人間の未来をどう扱うかということである。ハイテクを駆使した未来に興に入る未来学者は一部であり、多くは、指数関数的な技術開発を含む、かつてない急速な変化が社会、文化、環境に与える潜在的な影響に注目している。

人類の未来に関する研究は今、正念場を迎えている。人類の未来に関する議論には、二つの異なる流れがある。私たちがどちらの方向を選ぶかは、地球の未来の運命をも左右する——少なくとも、人類の住み処として、また生命全般の生息地としての地球の二重の役割という意味において。心理学者であり教育者でもある私は、人類の未来という領域が極めて複雑であること、そして二分法は単純化し過ぎであることをよく承知している。しかし、私が重要だと考える点を明らかにするために、ここではあえて単純化している。

私のアプローチは、オリバー・マークリーとウィリス・ハーマンが人間の成長に関する対照的な二つの未来像「進化的変容」と「技術的外挿主義」に焦点を当てた著作『人間のイメージの変化』（一九八二年）に影響を受けている。ポラックが『未来像』（一九五五年）の中で区別した二種類のユートピア的な人間の未来像が、C・P・スノウの「二つの文化」（人文科学と科学）

と同様に、これらの流れに歴史的な系譜を与えていることを私は理解している。社会学者のメノー・ボルトは、人類にとってより良い地球環境を創造したいと願う人物を定義する価値観と目標を探求している。『人間性の探求』（二〇一一年）の中でボルトは、すべての人間の尊厳を優先し、彼が「超越的人間性」と呼ぶものに見いだされる資質を特定している。その資質とは、共感性、寛容性、公正性、許容性であり、平和のために働き、暴力と破壊の行使に反対することへのコミットメントである。

私の関心事は、このような異なる価値観が、人類の未来、特に長期的な結果に関し、どのように作用しそうなのかについてである。マークリーとハーマンのイメージ、そしてボルトが提唱する超越的な人間の資質に基づき、私は人間の未来とそれに内在する価値観や倫理観について、対照的な二つのアプローチを提示する。人間の未来に対するどのようなアプローチも、必ず人間に対するイメージに影響される。

私が「人間中心の未来」と呼ぶものは、人道的であり、哲学的であり、生態学的である。それは、人間、地球、宇宙の生態学的バランスを維持する責任を持つ、親切で公正、かつ意識的に進化する平和的な変化の担い手としての人間観に基づいている。人間中心の未来は、心理的、社会文化的、美的、精神的な発展を継続させ、教育、文化的多様性、経済的・資源的平等の拡大、次世代への敬意を通じて、全人類の地球環境の改善に取り組むことを意味する。

対照的に、私が「テクノトピア的未来」と呼ぶものは、非人間的、科学的、原子論的である。

それは、機械論的で行動主義的な人間モデルに基づいており、知性については貧弱なサイバネティックな見方をしている。未来のテクノヒューマンを創造するというトランスヒューマニズムの野望は、反人間的であり反進化的である。技術的、生物学的、遺伝学的に人間を強化し、人工的に機械の知能を向上させる。テクノトピアンの中には、地球を捨てて火星や宇宙空間の衛星都市に空想のテクノヘヴンを建設するという超越的な夢を抱く者もいる。

人類の未来を支配するためのこの争いは、新しいものではない。少なくともヨーロッパの啓蒙思想以来、断続的に繰り広げられてきた。人類が直面する存亡の危機は極めて長大であるため、技術を中心とした未来と人間を中心とした未来との闘いがどのように始まったかを理解するためには、過去に遡る必要がある。

人類の未来に対する啓蒙主義者の論争

人類の将来の状態に関するわれわれの希望は、次の三点に集約されるであろう。すなわち、異なる国家間の不平等の破壊、同じ国家における平等の進展、そして最後に、人間の真の向上である。

フレヒトハイムのこの引用は、二百二十年以上前の言説であることを考えると、より注目に値する。フレヒトハイムはフランスの哲学者コンドルセ侯爵（一七四三―九四）の言葉を引用している。コンドルセ侯爵は、フランス革命のあおりを受けて一七九三―九四年に死に直面したとき、『人間精神の進歩の歴史的素描』を著した。フランス啓蒙思想の重要な貢献者であり、ドイツの観念論者やロマン主義哲学者の多くと同様の見解を持つコンドルセは、人間が完全なユートピア社会に向かって進歩していく姿を思い描いていた。当時、フランスとドイツの哲学者の間で思想の交流があったことを考えると、コンドルセがドイツのロマン主義哲学者ヨハン・ゴットフリート（フォン）・ヘルダーのちょうど二十年刊行が早かった『人間形成に関する私なりの歴史哲学』に影響を受けた可能性は高い。人間の意識の進化に関する彼の論考の中で、ヘルダーは「歴史的時代には根本的な精神的差異が存在し、人々の概念、信念、感覚などは時代ごとに要所要所で異なる」と主張した。コンドルセは、ドイツの観念論哲学者やロマン主義哲学者とともに、人文主義的未来思考の先駆者であった。

ドイツ・ロマン派の哲学者で、ハイ（High）・ロマン派における未来思考の先駆者として際立っているのは、ゲオルク・フィリップ・フリードリヒ・フォン・ハルデンベルク（一七七二―一八〇一）である。彼のペンネームは「未来のもの」を意味するノヴァーリスであった。三十年足らずの短い生涯を終えた時点では未完成のままであったが、彼の数あるプロジェクトの一つが『百科全書学』であった。ノヴァーリスの研究者チャド・ウェルモンは、「可能、理想、現実の境界で活動するノヴァーリスの百科全書学は、百科全書の可能性の条件を考察すると同時に、実際に百科全書を作ろうと試みている」と述べている。ノヴァーリスの「可能性、理想、現実の境界における」作業様式は、起こり得る未来、起こしたい未来、起こりそうな未来という現在の概念の不気味な先駆けであった。ウェルモンの見解では、ノヴァーリスの百科全書は、「可能であり、未完であり、来るべき未来である、百科全書的な知の方法という予期的なプロジェクト」を創造するものである。ノヴァーリスは、二十世紀から二十一世紀にかけての未来学とインテグラルな世界観の両方の出現を予期していたのである。文化進化論の一環として、ノヴァーリスは人類の社会的発展における三つの時代を想定していた。王と聖職者が第一の時代をリードし、政治家と経済学者が第二の時代をリードした。そして第三の時代（創発的な時代）は、「霊感に満ちた芸術的想像力」の才能を持つ相互依存的な個人によってリードされるとした。社会の発展における第三の時代は、自由、平等、友愛という特徴を持ち、ノヴァーリスに大きなインスピレーションを与えたフランス革命の理想となる。

ヘルダー、ド・コンドルセ、そしてノヴァーリスは、同時代の二つの重要な著作を読んでいた可能性が高い。一つは、ジュリアン・オフレ・ド・ラ・メトリ（一七〇九－五一）が発表した『人間機械論』（一七四八年）であり、それまでの人間観を根底から覆した。当時は科学的とは考えられていなかったが、ラ・メトリが提唱した機械論的な人間観は、未来に長い影を落とした。ラ・メトリは、B・F・スキナーの二十世紀の急進的行動主義の心理学派、サイバネティックな人間意識観、そして現代のトランスヒューマニズムの諸分野に影響を与えた。もう一つは、フランスの経済学者アンヌ・ロベール・ジャック・テュルゴ（一七二七－八一）による『人間精神の継続的進歩の哲学的素描』である。同書は『人間機械論』の二年後に出版され、さまざまな社会的・文化的側面を取り入れたテュルゴの全体論的人間観は、ラ・メトリの機械論的人間観とは対蹠的であった。

ド・コンドルセとテュルゴの著作のタイトルが驚くほど似ているのは、単なる偶然ではなかろう。これらフランスとドイツの哲学者たち（テュルゴ、ド・コンドルセ、ヘルダー、ノヴァーリス）は、文化、社会、教育、芸術と織り成す人間主義的理想としての人間形成という信念を共有していた。しかし彼らは、フランス啓蒙主義とドイツ啓蒙主義との重要な相違点を反映する形で分岐した。これは、今日私たちが目にする二つの流れに関連している。

十八世紀後半の五十年の間に、人間中心の価値観と産業革命によって定着しつつあった非人間化との間で、人間の未来をめぐる権力闘争が始まったことがわかる。

ドイツの哲学の流れには、ヘルダー、ノヴァーリス、ゲーテ、ヘーゲル、シェリングといった観念論者やロマン主義者がいた。彼らはライプニッツと彼の十七世紀の統合的で精神的な進化論研究からその系譜を受け継いだ。これらのドイツの哲学者たちは、精神進化的ヒューマニズムの種を蒔き、ここで紹介する人間中心の未来へのアプローチの重要な基礎を築いた。

フランス哲学の影響としては、ラ・メトリの機械論的人間論やルネ・デカルトの十七世紀初頭の精神と身体の分裂があり、フランス合理主義（あるいはデカルト主義）の基礎を形成した。

これらのフランスの哲学者たち（ラ・メトリ、デカルト、テュルゴ、ド・コンドルセ）は世俗的人文主義者であった。世俗的ヒューマニズムは、テクノトピア的未来の一つの系譜である。科学的実証主義もその一つである。

人文主義的トランスヒューマニズムの起源

一九五〇年、ピエール・テイヤール・ド・シャルダン（一八八一―一九五五）はエッセイ『前人類から超人類へ――生きている惑星の位相』を発表し、その中で「物事の究極的な中心にあるある種のトランスヒューマン」について語った。テイヤール・ド・シャルダンの「超人《ウルトラ》」と「トランスヒューマン」は、精神的／人間的未来と結び付いた進化論的概念である。これらの概念は、彼の友人であるジュリアン・ハクスリーにトランスヒューマニズムについて書かせるきっかけとなり、彼は一九五七年に次のように書いた（強調はハクスリー）。

> 人類という種は、望むならば、自分自身を超越することができる。しかし、（この人はこの方法で、あの人は別の方法でといった散在的な方法でなく）人類全体としてである。この新たな信条は名前を要する。おそらくトランスヒューマニズムがふさわしいだろう。人間は人間であり続ける。が、人間性の新たな可能性を実現することによって、自分自身を超越するのだ。

ジュリアン・ハクスリーのこの言葉は、トランスヒューマニズムという言葉を表す定型句としてよく使われる一方、いくつかの論争を巻き起こしている。現代のトランスヒューマニストの中には、この引用が一九二七年にハクスリーが出版した本に関連したものであると誤って引用している者もいれば、ハクスリーの言説への貢献を完全に無視している者もいる。ピーター・ハリソンとジョセフ・ウォルニアックは『トランスヒューマニズムの歴史』(二〇一五年)の中で、「この言葉は実際にはカナダの歴史家W・D・ライトホールが一九四〇年に作ったものだ」と主張している。ライトホールはダンテの『神曲』と聖書の引用から、使徒「パウロのトランスヒューマニズム」を論証している。

誰が最初にこの言葉を作ったかを問わず、二十世紀後半に発展したハイテクを駆使したトランスヒューマニズムは、まったく別の方向に飛び出した。人文主義的価値観に深く根差したハクスリーのトランスヒューマニズムとは似ても似つかない。また、ライトホールのトランスヒューマニズムとも関係がない。ライトホールは、キリスト教的な身体の賛美といった宗教的概念と密接に結び付いているように思われる。こうした考えはさておき、ハクスリーの人間中心のトランスヒューマニズムと、現代のテクノトピア的なトランスヒューマニズムとの対比を探ってみたい。

生物学者であり人道主義者でもあったハクスリーは、一九四六年に初代ユネスコ事務局長に就任し、英国ヒューマニスト協会の初代会長も務めた。ハクスリーのトランスヒューマニズムは、テイヤール・ド・シャルダンの精神的に進化した人間に着想を得たもので、技術的というよりも人間的、精神的なものであった。特筆すべきは、ハクスリーがテイヤール・ド・シャルダンの『現象としての人間』（一九五九年）に序文を執筆していることである。

ケンブリッジ大学の歴史学者アリソン・バッシュフォードは、ハクスリーのトランスヒューマニズムが現代のトランスヒューマニズムと異なる点を二つ指摘する。第一に、ハクスリーは特定の個人や集団だけでなく、全人類にとっての進化の必要性にコミットしていたこと、第二に、彼のトランスヒューマニズムは、教育や医療サービスにおける万人の機会の増大を通じて、技術的な改善ではなく社会的な改善に基づくものであったことである。「彼のヒューマニズム、そしてトランスヒューマニズムでさえも、彼がその言葉を使い始めてからは、常に進化的ヒューマニズムと呼ばれるものに基づいていた」と彼女は指摘する。ハクスリーは、人類の惑星化というテイヤール・ド・シャルダンの考え方に沿って、惑星の進化という概念を提唱した。ハクスリーはまた、ドイツのロマン主義哲学者シェリングに端を発する意識的進化という考え方も提唱した。ただ、二十世紀後半まで一般的なアイデアにならなかった。

考え得る興味深いワイルド・カードは、人文主義者たちが、テイヤール・ド・シャルダンやハクスリーの進化論的ヒューマニズムに起源を持つトランスヒューマンという概念を取り戻すことである。フランスの社会理論家で大統領顧問のジャック・アタリは、メノー・ボルトの「超越的人間性」に共鳴し、著書『二一世紀の歴史――未来の人類から見た世界』の中で、そのような形でトランスヒューマニズムの再生を試みている。

トランスヒューマンは利他的で、地球の市民であり、遊牧民であると同時に定住者であり、権利と義務において隣人と対等であり、世界をもてなし、尊重する。トランスヒューマンはともに、惑星制度を誕生させ、商工業の方向性を変えるだろう。

進化する超人《スーパーマン》

ダーウィンより一世紀前に議論されていた進化論思想は、意識と、文化的、美的、精神的理想としての人間進歩の理論に焦点を当てたものだった。十八世紀後半のドイツの哲学者たちは、二十世紀の「ヒューマンポテンシャル運動（人間性回復運動）」や「ポジティブ心理学運動」を予見していた。彼らは社会に対する進化的理想を支えるために、普遍的な教育制度を作り、その目的は全人格（ドイツ語でBildung）を発達させることにあった。

ダーウィンの後、哲学者たちは、スペンサーの社会ダーウィニズムとは別の方法で、ダーウィンの進化が人間の未来に与える影響を探求し始めた。フリードリヒ・ニーチェは『ツァラトゥストラはかく語りき』（一八八三年）の中で、「超人（ドイツ語でÜbermensch、〈英〉Overman）」について書いている。彼の概念はドイツ語からいくつかの意味に翻訳されている。すなわち、

「オーバーマン、オーバーヒューマン、超越的人間（Above-Human）、スーパーマン、ウルトラヒューマン、高次の人間、高次の存在」である。高次の人間に関する彼の考えは、ダーウィンの生物学的進化と意識の進化に関する観念論の著作に影響を受けていた。彼の「超人（Übermensch）」はまた、自由に関する彼の考えと深く結び付いていた。

フランスの哲学者アンリ・ベルクソンの超人論への貢献は、まず『創造的進化』（一九〇七年）に現れた。ベルクソンはニーチェの作品を直接引用したわけではないが、彼の仕事のルーツはニーチェの超人《スーパーマン》にあった。ニーチェと同様、ベルクソンは、人間が動物から生まれたのと同じように、人間から超人《スーパーマン》が生まれると考えた。ルドルフ・シュタイナーは、意識の進化に関する自身の研究の中で、ニーチェとベルクソンの超人《スーパーマン》理論について述べている。ニーチェの超人《スーパーマン》の概念は、シュタイナーによって次のように言い換えられた。「動物はその内に人間を宿していた。人間はより高次の存在、超人《スーパーマン》を宿しているべきではないか？」

ニーチェやベルクソンの努力と並行して、シュタイナーは精神的自己や精神的人間といった概念によって、人間を中心とした未来を進化させるという彼自身の考えを明確にした（一九〇四〜一九二五）。同時期、インドの政治活動家であったオーロビンド・ゴーシュは、意識的に進化する未来の人間の一種として、インドで超人《スーパーマン》について執筆していた。シュリ・オーロビンドの統合進化論は、古代のヒンドゥー教のテキストとドイツの観念論哲学の両方から学んだ。シュタイナーとオーロビンドはともに、ビルドゥング流の全人格的人間形成の教育システムを確立した。

トランスヒューマニズムの二つの流れ（技術的人間性と精神的人間性）と類似しているのは、シンギュラリティという技術的な概念に対して精神的な先駆者、そして人間的な対極について書いたテイヤール・ド・シャルダンの記述である。テイヤール・ド・シャルダンのオメガ・ポイントは、宇宙がより高いレベルの物質的複雑性と精神的意識に向かって進化しているという信念を反映している。オメガ・ポイントとシンギュラリティの緊張関係は、人類の未来に関するさらなる研究の試金石となる。

人間を中心とした時間の再発明

二千五百年の歴史を持つ直線的な時間の概念は、古代ギリシャ時代から進化を遂げてきた。当初は、すでに認識されていた宇宙論的・自然論的な循環をより体系立てて測定するべく始まったが、次第に自然論的・宇宙論的な次元が取り除かれていった。産業革命後、直線的な時間はさらに収縮し、「工場時間」になった。時間が産業機械に取り込まれるにつれて、人間は機械的な時間概念の呪縛に囚われるようになった。

しかし、この予測可能で機械的な時間概念は、一九〇〇年代初頭のアインシュタインの特殊相対性理論の精緻化と量子力学の発見によって解け始めた。時間はもはや物体ではなく、物事の動きや変化をバラバラの断片で測定するものになったのである。新しい科学的発見は哲学的にも大きな意味を持ち、固定化された直線的な時間の概念を、根本的に新しい概念へと徐々に置き換えていった。

ドイツの現象学者エドムント・フッサールは、外的な時間や客観的な時間とは対照的に、「主観的な時間」、つまり「魂の時間」という考え方を発展させた。フッサールの現象学的な時間の探求に続き、マルティン・ハイデガーは「実存的な時間」という概念について語った。イギリスの哲学者ホワイトヘッドは、彼のプロセス哲学を時間に適用し、ベルクソンは時間という逆説的な概念を「デュレ（durée: 生命の意識的な流れ）」と表現した。時間には根本的な多様性があるというベルクソンの見解は、複数の未来という概念と相性がいい。フッサールは、主観的時間という概念で、個人的な、あるいは心理的な時間の側面を考慮に入れた最初の人物である。未来学においても、この心理的な側面は十分に進展しておらず、さらなる研究が必要である。量子力学やカオス理論のように、こうした新しい概念が主流の考え方として浸透するには時間がかかるだろう。

前世紀を通じて私たちの時間感覚が変化した背景には、他の社会的発展もある。加速するテクノロジーは、秒、分、時間という旧来の区分を、極端なものではナノ秒、他方では放射性物質の半減期にまで拡大した。産業革命時代の時間は政治と経済に支配され、「時は金なり」「時間を買う」といった比喩が日常会話を支配している。現代のスピード中毒は、ファストフード店、インスタント・コミュニケーション、過剰消費文化にうかがえる。時間のスピードアップとは、未来が今、私たちに急ぎ足で迫ってきていることを意味する！

しかし、今日の生活は単純で一面的なものではない。二十一世紀の加速する不安とタイム・パニックとは対蹠的に、スロー・ムーブメントやレトロ・トラベル・ムーブメントといった相反するトレンドが生まれつつある。循環する時間という古い概念は、非西洋的な視点からもフェミニスト的な視点からも取り戻されつつある。これらの新たな問題は、時間と私たちの関係を再検討し、時間が産業時代の世界観に縛られていた間に見え隠れしていた自然や宇宙との時間の多面的な関係を再発見しようとする緩やかな動きを示唆している。

意識的な人間中心の未来

人間の未来を意識的に進化させるという人間中心の視点から、二十世紀にはいくつかの重要な発展があった。この五十年間で、主要な学問分野のほとんどで進化的な変化が見られるようになった。私はこうした動きを「心のメガトレンド」と呼んでいる。これらは、エルヴィン・ラースローが「われわれの集団的生存の前提条件となった」と主張する意識の進化を示すものである。

主要な知識分野の周辺環境を俯瞰してみると、科学、哲学、心理学、教育の分野で新しい考え方が生まれていることが分かる。科学においては、二十世紀初頭の古典物理学から量子物理学への科学的転回が観察され、その後、古典物理学の閉鎖系からポスト古典生物学、カオス、複雑系科学の開放系への転回が続いている。同様の変遷は、モダニズムからポストモダニズム、ポスト構造主義への西洋哲学思想にも見られる。イギリスの分析哲学を意味する「哲学」という単一概念は、比較哲学、プロセス哲学、統合哲学を認める哲学的多元主義へと拡大した。心理学はこの五十年間で、臨床主義、経験主義、行動主義のモデルを超えて、人間性心理学、トランスパーソナル心理学、発達心理学、ポストフォーマル心理学の理論を含む新しいアプローチへと拡大した。教育の分野でも、進化の波が見られる。十九世紀に設計された正規の学校教育の工場モデルは、二十一世紀により適した革新的なポストフォーマルによる教育法の挑戦を受けている。

学問の専門化に伴う断片化の行き過ぎに対抗しようとする動きは学際的、複合的、そして横断的なアプローチによって十分に確立されている。それは、より統合された知識創造の未来の一部なのである。

超人《スーパーマン》的な力は、技術的、生物学的、遺伝的な強化によってのみ到達できるというテクノ・トランスヒューマニストの主張に抗い、三つの主要な研究グループが反論している。これらの研究は、人間がいくつかの領域にわたって、われわれが認識しているよりもはるかに大きな能力を持っている可能性があることを提示している。簡単に言えば、これらのテーマは、身体の未来、文化の未来、思考の未来である。

現代の研究は、私たちの中にすでにある超人《スーパーマン》的な可能性を指摘している。マイケル・マーフィーの著書『身体の未来』には、テクノロジーや生物学的強化とは無関係の「超人《スーパーマン》的な力」が記されている。エサレン研究所の創設者であるマーフィーは、四十年にわたり超常的属性の自然史と呼ぶ研究を続けてきた。マーフィーは、歴史を通じて超常的な体験を示した個々の人間について、一万件に及ぶ研究のアーカイブを作成した。マーフィーの分類は、ボストロムの「健康寿命……認知……感情」の三つのカテゴリーを大幅に拡張し、十二の属性グループ「知覚能力」「運動学的認識と自己調整」「コミュニケーション能力」「活力」「運動能力」「環境を変化させる能力」「苦痛と快楽の能力」「認知」「意志」「自己意識」「愛」「身体構造とプロセス」を含んでいる。

マーフィーは八百ページ近くにわたって、カトリックの神秘主義者、スーフィーの恍惚主義者、ヒンディー仏教のシッディ、武道の修行者、エリート・アスリートなど、さまざまな人間の超常的な能力を記録している。マーフィーは、これらの極端な例は「進化する人間の本性の発展途上の手足や器官」であると結論付けている。私たちはまた、サヴァンの例、エクストリーム・スポーツや冒険の例、さまざまな宗教の神秘主義者や聖人の物語から、人間が常に自らを拡張していることを知っている。

テクノ・エンハンスメントへの執着が、本来私たちの持っている超人《スーパーマン》的なポテンシャルを意識的に進化させることの障碍となってはいないだろうか。多くの若者による携帯電話やパソコンへの中毒の兆しが見えているのは確かである。その証拠に、デジタル・デトックス・クリニックの出現や、インターネット依存症という新たな問題が生じている。

文化的進化については、二十世紀を通じて多くの学者や作家が、ドイツの観念論者、テイヤール・ド・シャルダン、ゲプサーなどを参考に、人類の未来についての考えを提唱してきた。同時代の研究者としては、意識の進化を地球規模の惑星のシフトと結び付けるエルヴィン・ラースロー、社会の進化と未来について書くドゥエイン・エルギン。『西洋精神の情熱』で過去二千年の社会文化的発展を辿り、創発的な変化を指摘するリチャード・ターナス、『コミュニケーションと社会の進化』で同様の発展パターンを示唆するハーバーマスなどがいる。一九九〇年代後半、ドゥエイン・エルギンとコリーン・ルドリューは、スカンジナビア、スイス、イギリス、カナダ、アメリカを含む四十三カ国の「世界価値観調査」を実施した。彼らは「新しいグローバルな文化と意識が世界に根付き、成長し始めている」と結論付けた。彼らはこれを「ポストモダン・シフト」と呼び、二つの特質があると説明した。一つはエコロジーの視点であり、彼らはそれを「広漠とした視点であり、［それを通して］地球（そして宇宙さえも）を相互につながった生きたシステムとして捉える」と考えた。もう一つは、人生の慌ただしさから一歩身を引く自己省察的な能力である。これらの資質が、スロー・タイム、レトロ・トラベル、その他の新たなムーブメントの背景にあり、私たちをポストフォーマル推論へと直接導いているのかもしれない。

成人発達心理学研究は、ポジティブ心理学と、アブラハム・マズローの著書『人間性の最高価値』（一九七一年）に始まるヒューマンポテンシャル運動を基盤としている。トランスパーソナル心理学と組み合わせることで、認知的、感情的、スピリチュアルな領域における人間の未来についての拡張的な見解が豊かになる。マイケル・コモンズ、ヤン・シノット、ローレンス・コールバーグといった成人発達心理学の研究者たちは、四十年もの間、成人の体系的、多元的、複雑で統合的な思考の学究を深めてきた。彼らはこの成熟した思考を「ポストフォーマル推論」と呼ぶ。彼らの研究は、思考の未来に関する言説の中心となる、より高度な推論様式に関する貴重な洞察を提供している。これらの心理学者によって見定められた特徴には、複雑な逆説的思考、創造性と想像力、相対主義と多元主義、自己省察と対話能力、直感などがある。ウィルバーのインテグラル心理学研究は、彼の文化史研究と統合され、人間の未来を意識的に進化させる可能性について、大幅に強化されたイメージを構築している。私は『ポストフォーマル教育――複雑な未来のための哲学』の中で、これらの知見を教育に応用している。

私たちが開発可能なポストフォーマル推論の幅広さと繊細さを考えると、機械がより高い次元で機能する人間の特徴を獲得する可能性はどれほどあるだろうか。超《スーパーマン》人的人工知能を議論するテクノトピアンたちは、意識の問題を慎重に避けている。ボストロムは、現在使用されているすべての機械知能システムは、人間の認知能力の非常に狭い範囲で作動していると説明している（弱いＡＩ）。最も野心的なものであっても、「抽象的な推論と一般的な問題解決能力」（強いＡＩ）を再現しようとするものに限られている。超《スーパーマン》人的人工知能の支持者は、人間の知性が絶えず進化していることを示す、意識の進化、心の形而上学、意識の哲学と心理学に関する研究を知らないようである。

仮に技術開発者が一般知能の複製に成功したとしても、それはせいぜい、処理速度が速いとはいえ、ジャン・ピアジェの形式的操作と同じように機能する程度だろう。高機能の成人は複雑なポストフォーマル推論を行えると、成人発達心理学の研究からわかっている。AIに携わる人たちが、形式的推論の限界に気付いているかどうかは疑わしい。また、ハワード・ガードナーの多重（人間）知能理論について知っているだろうか。AIに関する文献を参照する限り、より高度な推論に関する理論が扱われている証拠は見当たらない。

思考と知識体系におけるこれらの発展は、実証主義、近代主義、ピアジェの形式的推論に関連する産業的世界観から、ポスト実証主義、ポストモダニズム、ポストフォーマル推論というポスト産業的世界観への大きな転換を意味する。思考の長期的な未来に目を向ければ、ポストフォーマル推論の特徴がより多く現れることが期待できる。このような進化論的な側面は、未来に関する文献にはほとんど明記されていないが、未来学者や研究者はこのような影響と無縁ではない。マインドセット・シフトは徐々に未来論に浸透しつつある。ヒデグは、二十世紀末に出現した未来学の新たな進化パラダイムを指摘している。

これらの研究を総合すると、私たち人間はすでに、心、感情、身体、精神において、以前想像していたよりもはるかに大きな力を発揮できるようになっていることがわかる。二十一世紀以降、超人《スーパーマン》的な知性と力を本気で身に付けたいと願うなら、われわれには二つの選択肢がある。人間よりも優れた動作をする機械を作るというテクノトピア的な夢に多額の投資を続けるか。あるいは、人間の未来を教育し、意識的に進化させ、それに伴うあらゆる知恵を身に付けることに、私たちの意識と資源をもっと投資するかである。

人間の未来は広大かつ複雑であり、このテーマの対話はまだ始まったばかりである。

第六章　グローバルな未来への壮大な挑戦

グローバルな視点

沈思黙考して自分の家庭の外に目を向ければ、想定外の未来が押し寄せてくる中、多くのグローバルな課題が見えてくる。私たちが直面する近未来や長期的な未来への挑戦は、危機の危機と呼ばれている。それらは、社会文化的、地政学的、環境的な領域に横たわっている。これらの課題はすべて複雑で、システムとして相互に関連していることを念頭に置きながら、本章ではさらなる対話のための複数の出発点を提示する。未来学者は、壮大なグローバルな課題をさまざまな観点から論じている。

ジェイムズ・データーはこれらを「不浄な三位一体プラス1」と呼んでいる。データーの言う三位一体とは、安価で豊富な石油の終焉、複数の環境問題、そして世界経済と財政の破綻である。ヨルゲン・ランダースは、持続可能性革命が進行中であるが、その完遂には今世紀の大半を要すると論じている。彼は、持続可能性革命とその成功の確度と切っても切れない関係にある五つの大きな問題を挙げている。大きな問題とは、資本主義の終焉、経済成長の終焉、緩やかな民主主義の終焉、世代間の調和の終焉、そして安定した気候の終焉である。未来学者であり倫理経済学の専門家でもある作家のヘイゼル・ヘンダーソンもまた、ある中心的な移行に焦点を当てている。ヘンダーソンは二〇一四年に出版した単行本『ソーラー時代への地球的遷移』で、「よりグリーンで持続可能な経済的未来」への道筋として、時代遅れの工業時代の考え方から、台頭しつつあるソーラー時代への移行を強調している。

クライビッチは『明日の危機のすべて』の中で、十大メガトレンド（天然資源の無差別開発による環境への圧力、人口増加と人口動態の変化、産業のグローバル化、グローバルな移動性の増大など）を挙げている。また、気候変動、海洋と大気の汚染、食糧と水の安全保障への脅威、世界的な伝染病、非持続可能なライフスタイルの増加など、十個の核となる地球変動問題を指摘している。私たちが自由に使える資源を無視しているというクライビッチの懸念は、データーと通底する。

地球変動の核心的な問題は、現在でも生活のあらゆる分野に深く影響を及ぼしており、私たちはすでに未来について多くの知識を持っているにもかかわらず、ほとんど何もできていない。この先待ち受けている課題、さらには危機でさえも、私たちが知っていることと、世界レベル、国レベル、地域レベルで提示されている実際的な対応との間には、大きな隔たりがある。

ミレニアム・プロジェクト（ＭＰ）のグレンとゴードンは、「十五のグローバル・チャレンジ」を、人類のグローバルおよびローカルな展望を評価するための有益な枠組みとして用いている。その中には、持続可能な開発と気候変動、清潔な水とエネルギーなどの環境問題、人口と資源、貧富の差、教育と学習、女性の地位と健康などの社会問題、ITのグローバルな融合を含む科学技術、そしてグローバルな倫理、国際組織犯罪、平和と紛争、民主化、グローバルな先見性と意思決定などの地政学的問題がある。四千人を超える世界の専門家による継続的な調査は、一九九六年以来、毎年「MPステート・オブ・ザ・フューチャー・レポート」として報告されている。

また、世界経済フォーラム（WEF）は毎年、短期的（十二―十八カ月）に世界に最も大きな影響を与えるであろう十のトレンドをまとめた「グローバル・アジェンダに関する展望」を発表している。二〇一五年の報告書を紹介したアル・ゴアは、経済と環境という二つの支配的な問題の間には切っても切れないつながりがあると指摘した。要約すると、

近隣諸国間の水紛争、温暖化がもたらす異常気象の頻度と威力の増大、進行する世界的な森林破壊の危機、急速に酸性化する海洋、侵食される表土と農業適性、そして現代史に例を見ない生物多様性の危機である。

このようなグローバルな視点と、私自身の調査・分析に基づき、私は地球規模の未来に関す

る主要な課題を、環境、地政学、社会文化という三つの広範な領域にわたる十二のクラスターに統合した。私の最初のマインドマップ（図13参照）には、人類の未来に大きな問題を引き起こす可能性のある現在のトレンドが含まれている。二つ目のマインドマップには、トレンドの逆流、ねじれ、サプライズ（図14参照）を盛り込んだ。これらの代替的な未来は、支配的なトレンドを緩和、破壊、あるいは逆転させる可能性を秘めており、他の人々が予測されている不穏なトレンドに代わるものを想像し、創造することを可能にする。

次に、三つの大きな課題に焦点を当てる。都市化の進展、教育の欠如（または不十分な教育）、気候危機である。

環境トレンドとサプライズ

幅広い環境領域において、生態系、エネルギーシステム、気候危機は、明らかに相互に連関し合っている。私が「健康」を取り上げたのは、人類の健全な未来が、地球、大気圏、生物圏、気候、植物、海洋、そして生きとし生けるものの未来にどう対処するかにかかっているためである。

地球の生態系全体が深刻な緊張状態にあることは、何十年も前から分かっていたことだ。国連経済社会局（DESA）の二〇一五－五〇年の予測によれば、二〇四〇年までに世界推計人口九〇億人の食糧と水が不足し、安全保障に対する懸念が広がっている。水ストレスの増大は、

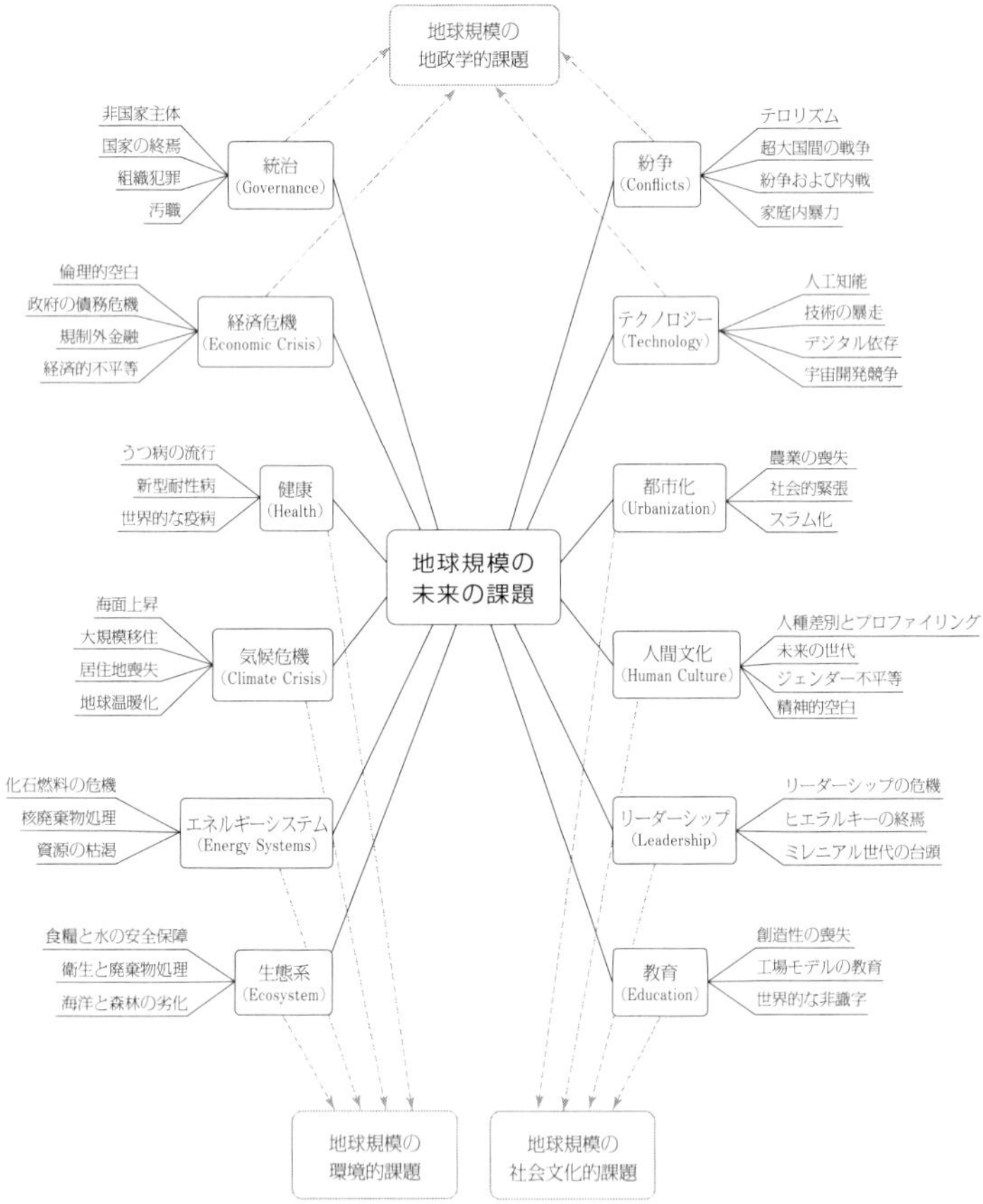

図 13　地球規模の環境的、地政学的、社会文化的課題

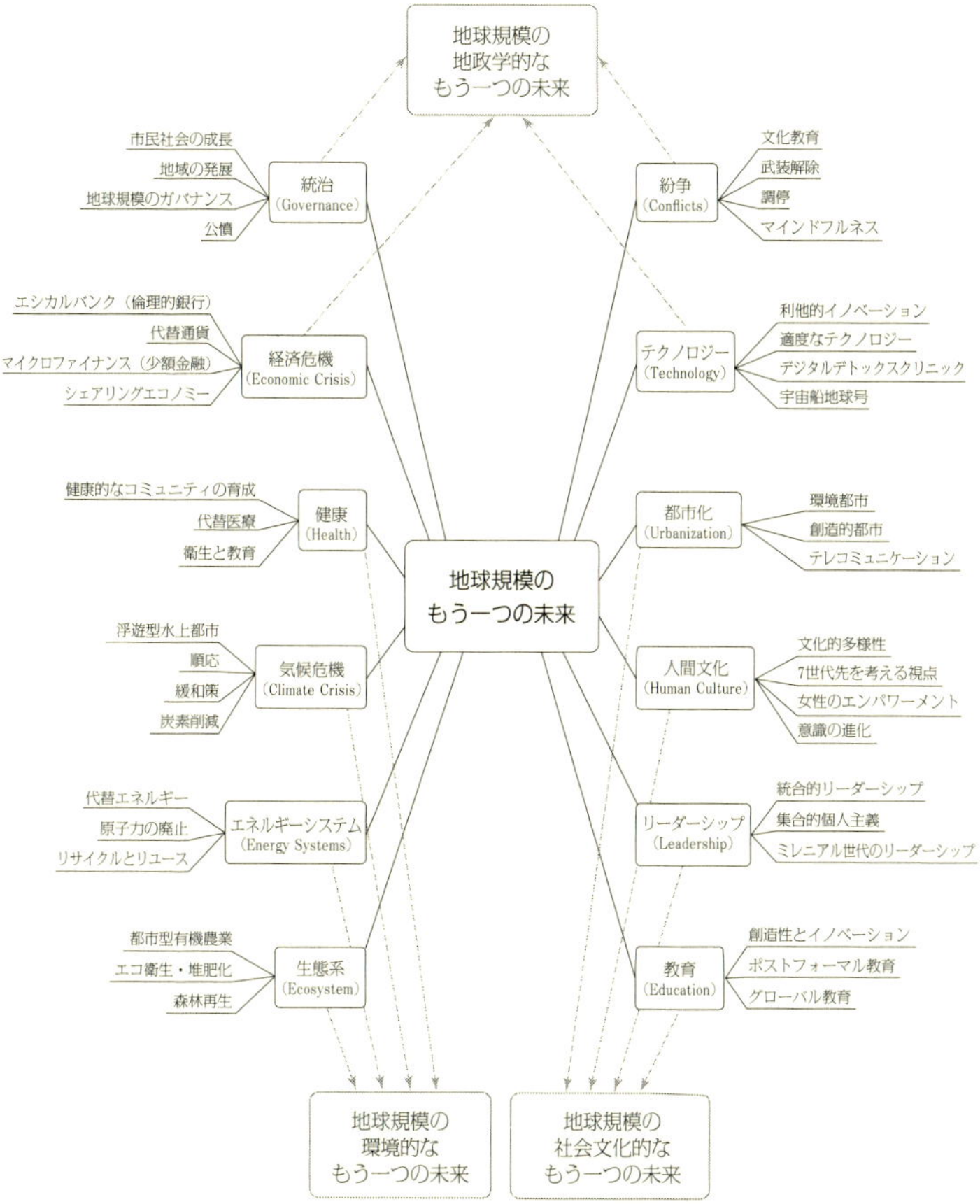

図 14　地球規模の環境的、地政学的、社会文化的なもう一つの未来。
課題克服のためにトレンドに抗う代替策 を示している

世界経済フォーラムの二〇一五年版報告書のトップ10トレンドの一つである。経済と資源の観点から見ると、都市化の進展は農村部の土地の縮小を意味する。農村地域が伝統的に都市部の食料の大半を供給してきたことを考えると、農村部の土地と人口の減少は深刻な食料不足につながる可能性がある。

市民が食糧と水の安全保障の主導権を取り戻そうとする、弱いシグナルが世界的に多発している。モンサントのような多国籍企業による世界的な食糧供給のコントロールの試みは、民衆の要求に後押しされた各国政府によってますます抵抗に遭うようになっている。類例として、ボリビアの人々は二〇〇〇年、「コチャバンバ水戦争」と呼ばれる一連の抗議行動により、都市部の水供給を企業から取り戻すことに成功した。創造的で持続可能な解決策を模索する都市は、垂直庭園、ブッシュ・フード・フォレスト、都市農園などの実験を成功裡に行っている。これらは、食糧安全保障に対処するために拡大しつつある、創造的でエコな都市運動の一環である。キューバは米国の禁輸措置後、政治的・経済的自立を模索する中で、持続可能な解決策を受け入れ、採用した。ハバナは現在、都市農業の世界的リーダーであり、生鮮食品の五〇%以上が、有機堆肥と簡単な灌漑システムを使って市内で栽培されている。有機農業、都市園芸、パーマカルチャー〔永続可能な農業に基づいた永続可能な文化〕、漢方薬、再生可能エネルギー、廃棄物の最小化など、すべてが一九九〇年以降に急速に発展した。不況にあえぐ海洋、森林伐採、廃棄物処理に代わる、再利用やリサイクルを通じた採掘からエコロジーへの転換の兆しは、弱いながらも決して小さくはない。

エネルギーの動向としては、ピークオイルや化石燃料の危機、核廃棄物処理、資源枯渇などが挙げられる。歓迎すべき逆潮流としては、再生可能エネルギーの急増、特に若者の間での再利用とリサイクルの必要性に対する世界的な意識の高まり、廃棄物処分の危険性を排除することは不可能に近いという理由から、原子力エネルギーを廃止しようという動きなどが挙げられる。

グローバル・ヘルスの領域では、新たな耐性疾患が出現し、その一部はパンデミック〔世界的大流行〕に達する恐れがある。うつ病、不安神経症、自殺など、特に若者の間で精神衛生上の問題が世界的に蔓延している。アメリカでは、自殺は十―十四歳の子どもの死因の第三位、十五―三十四歳の若者の死因の第二位である。世界銀行は、うつ病は世界全体の疾病負担に大きく寄与していると主張している。二〇一六年四月、世界保健機関（ＷＨＯ）は、うつ病を身体障害の主な原因として挙げており、世界の全年齢層において推定三億五千万人に影響を及ぼしている。このような憂慮すべき傾向への対策としては、健康的な地域社会への再注目、若者たちとの未来ビジョン策定作業、抗生物質を補完する代替薬や伝統薬、最も必要としている国々における衛生環境の改善、そして最後に、世界的な教育の変革が挙げられる。

グローバル・パワーの傾向とねじれ

グローバル・パワーの一部として、私はガバナンスや紛争といった地政学的な問題、経済問題、そしてテクノロジーを挙げている。後者は、デジタル・テクノロジーがあまりにも蔓延っている(ユビキタスである)ことにより、それらが埋め込まれているテクノロジーから権力構造を切り離すことができないと考えるためである。今後のグローバル・ガバナンスの課題は、二極化(冷戦)から多極化(G20)へのシフト、デジタル革命に助けられたテロリスト・ネットワークなどの非国家主体の台頭、グローバル社会のさまざまなレベルにまたがる組織犯罪や腐敗に起因する。国民国家は矛盾を内包している。一方ではナショナリズムの激化があり、世界経済フォーラム(WEF)の二〇一五年版「グローバル・アジェンダに関する展望」報告書は、グローバリゼーションによって引き起こされる経済的分断や社会的混乱に対する保護の要求だと分析している。他方で、複雑な問題に対処するための国民国家の力の低下は、都市の首長の力の並行的な上昇につながっている。この緊張関係は、英国のEU離脱を問う国民投票の混乱に顕著に表れている。権力の駆け引きにまつわる捻じれや反転には、第二次世界大戦後、国連やその傘下組織のようなハイレベルの世界的非政府組織の成長、BRICS(ブラジル、ロシア、インド、中国、南アフリカ)のような地域的な地政学的・経済的パートナーシップの出現、そして地上とデジタルの両方における市民社会活動の爆発的な拡大が含まれる。アウトレイジ運動は、日常的な市民が経験する権力の腐敗や乱用に対抗するためのエネルギーを結集できる強力な例である。

経済危機が世界的な将来の課題に関する議論を支配している。メディアは株価の上昇や下落、金利、不動産価値、世界金融危機の再来の有無に焦点を当てるが、もう一つの迫り来る経済危機はほとんど見えない。ここ数十年で、貧富の格差は国家内でも世界全体でも急激に拡大した。WEF報告書二〇一五では、「所得格差の深化」が第一位だった。アメリカでは、一％の富裕層がアメリカの富の四五％を所有している一方、最下層のアメリカ人五〇％は何も所有していない。WEFの報告書によれば、これは先進国だけの問題ではなく、ほとんどの国で「人口の最貧困層の半分が富の一〇％未満しか所有していない」ことが多い。自由市場の議論では、富は困っている人々に滴り落ちる（トリクルダウン）とされているが、ほとんどの場合、増加する富はすでに裕福な人々に搾り上げられ（トリクルアップ）続ける。WEFの調査では、最善の解決策の一つとして教育の改善が挙げられている。別の未来像としては、シェアリングエコノミー、マイクロファイナンス、代替通貨、ラブ・エコノミー、倫理的なバンキングなどが挙げられる。これらのどれもが、共通善のニーズから目を背けなければならない少数派の億万長者の貪欲さの下に横たわる倫理的／道徳的空白を克服することはできない。これを達成できるのは、個人の道徳的覚醒だけである。

紛争の形は、グローバリズムとナショナリズムの間の地政学的緊張、経済格差の拡大、非国家主体の台頭、デジタル革命の自由と影を反映して変化している。一例として、テロリスト集団ＩＳＩＳは、英国のＥＵ離脱の混乱に乗じて闖入した。一匹狼のテロリストは、孤立したサイコパスかもしれないが、自分たちの犯罪を正当化する手段として、イスラム聖戦への忠誠を主張する。経済格差の拡大は、権利を奪われた人々が一致団結して行動を起こすことになれば、潜在的な紛争という点では「眠れる巨人」となる。このような権利を奪われた人々の革命的エネルギーは、専制的な政府を打倒する「アラブの春」の最初の高まりにおいて、デジタル技術によって増幅された。それは主に北アフリカのミレニアル世代がツイッターやフェイスブックを使って組織したものだった。にもかかわらず、この高波は持続するには弱過ぎた。多くの暴力や紛争と同様、サイバーテロリズムにも地政学的な側面と国内的な側面の両方がある。国内におけるネットいじめ、ネットストーカー、個人情報窃盗といった新たな問題が社会文化や経済に与える影響という点では、まだ氷山の一角に過ぎない。

社会文化的傾向と対抗傾向

ここでは、人間文化とリーダーシップという広範な領域に関して簡単に触れた後、世界的な都市化の進展と教育の失敗に焦点を当てる。

人間文化における世界的な課題としては、民族や人種のプロファイリングに見られる人種差別、ジェンダーの不公平、将来世代の権利の軽視、宗教原理主義の極端さと世俗主義の精神的空白の間に生じる緊張などが挙げられる。文化的な対抗トレンドとして有望なのは、社会の目標としてGDPの成長を幸福の成長に置き換える動きが出てきていることである。

重要な社会文化的未来問題とは、未来の世代、つまり私たちの子どもたちの子どもたちをどのようにケアするかということである。どのような地球、環境、有形無形の資源を彼らに遺すのか。これには食糧と水の安全保障、戦争や暴力、有害環境からの安全、そしてもちろん質の高い教育が含まれる。未来の世代に文化的な未来のレンズを向けると、特に北米の先住民の「第七世代の原則」が見えてくる。この原則は、年長者は七世代先の子孫のニーズを考慮することで、自分たちの意思決定や行動を導くことを意味する。これは賢明な未来志向の原則であり、人類と地球の未来にとって明確な利益をもたらす。

WEF報告書二〇一五では、人類が直面する課題のトップ3に「リーダーシップの欠如」がランクインしている。このリーダーシップの危機は、旧来の階層的、軍国主義的なリーダーシップ・モデルから、新世代の協調的、デジタル、ネットワーク化されたアプローチへの移行、ミレニアル世代のポスト産業的価値観の台頭、そして人生の複雑さに起因している。トランスフォーメーショナル・リーダーシップ、ミレニアル・リーダーシップ、ポストフォーマル統合リーダーシップといった選択肢が生まれつつあるが、しばらくの間はリーダーシップの空白が続くだろう。

壮大な都市化への挑戦

都市化とは、人々が農村部から町や都市、そして最近ではメガシティへと移動することで、二十世紀初頭から世界的な傾向として拡大してきた。一九〇〇年には、世界人口のわずか一〇％が都市に住んでいた。一九五〇年には、世界人口二五億人の二九％が都市に住んでいた。二〇一〇年、世界の都市人口は五〇％を超えた。二〇一四年には、七〇億人を超える世界人口の五四％が都市に住むようになっている。国連経済社会局（ＤＥＳＡ）の予測（二〇一四年）によると、二〇五〇年には一九五〇年の割合が逆転し、世界人口の六六％が都市化する。都市化の進展の様相は複雑、多様、異質であり、新たな逆傾向も見られる。まず、「古い都市化」と「新しい都市化」（「ニュー・アーバニズム」と呼ばれることもある）を区別したい。

過去五十年間の旧来の都市化の主な推進力は、工業化とグローバル化であり、どちらも経済成長への欲求が原動力であった。新しい都市化の推進力には、持続可能性と、利益よりも人と地球を重視する、持続可能なポスト工業都市主義を構築するために必要な創造性が含まれる。今後数十年間、アフリカ、アジア、ラテンアメリカの国々は、北半球の国々に追いつく努力を続けるだろう。多くの国々が、五十年前に旧市街地が行っていたことを単に真似るのではなく、持続可能性と創造性という新たな都市化の原動力に遅れを取らないことを望んでいる。

持続可能性は新しい都市主義の目標ではあるが、基本的なインフラ（電力や水道の供給、衛生設備、保健サービス、教育、交通機関など）の整備に十分な時間がかけられないまま、あまりにも急速に成長することによって脅かされる。

中国、アフリカ、ラテンアメリカの一部などで見られるように、工業化以前の社会で急激な都市化が起こると、生活環境が改善される代わりに、「何億人もの世界の都市貧困層が（持続不可能な生産と消費のパターンを伴う急速な無秩序な開発、汚染、環境悪化といった）標準以下の環境で暮らしている」（国連経済社会局「世界都市展望」二〇一四年改訂版）。

このような急速な成長は、二〇一二年の国連持続可能な開発会議（リオ＋20）で提言された持続可能な開発の三本柱を損なうものである。それは「経済発展、社会発展、環境保護」である。急激な都市化は、一般的に地域社会全体に等しく利益をもたらすわけではない。ほとんどの先進工業国は自由市場のアメリカ・モデルを踏襲しているが、これは社会的格差を拡大し、権利を奪われた移民労働者、若者、高齢者、女性に劣悪な労働・生活環境をもたらしている。

急速な都市化はまた、かつて都市を取り囲み、多様な種の生息地を提供していた自然の植生や原生林の地帯を枯渇させ、減少させている。地球全体を砂漠にしないためには、森林、草原、湿地帯を再生する新しい方法を開発する必要がある。ベルリン、マンチェスター、ニューヨークのような既成都市の緑化は、ナイジェリアや中国西部のプランナーが古い過ちを繰り返さないためのモデルとなり得る。新しく都市化する地域が旧先進国の苦い経験から恩恵を受けられるよう、より経験豊富な都市環境での持続可能な都市政策策定が急務である。グローバル化し、相互に結び付いた世界では、無知は口実にならない。都市は、持続可能性への道筋や資源管理に関する知識を共有するための同盟やネットワークを形成することができる。スカンジナビア諸国に見られるように、より社会的・政治的に公平な都市化の形態に関する研究や知識を広めるために、インターネット技術の利用も可能である。しかし、農村地域に残る人々にとっては、テクノロジーへのアクセス不通が災いすることもある。

新興国における持続可能な都市開発への取り組みは、さまざまな成果を見せている。アラブ首長国連邦（UAE）のアブダビにあるマスダール・シティは二〇二五年に完成予定で、世界で最も持続可能な低炭素・低廃棄物都市の一つを目指している。中国とシンガポールは、アジアと世界の持続可能な都市開発のモデルとなるよう設計された「天津エコシティ」プロジェクトを共同で進めており、二〇二〇年の完成を予定している。これらの都市の現実は理想にはほど遠いものだが、持続可能性の原則が世界的に試みられていることは歓迎すべきことである。

クリエイティブ・シティの動きは、ユネスコのパートナーであるクリエイティブ・シティ・ネットワークが支援する、今後数十年の都市化のあり方を形作るであろうトレンドの逆流である。マウリツィオ・カルタは『クリエイティブ・シティ』（二〇〇七年）の中で、三つのデザインの次元を挙げている。すなわち、「文化、コミュニケーション、協力であり、クリエイティブ・クラスの発展を支え、都市の再生と持続可能性に貢献するものである」。これらは、リチャード・フロリダの「クリエイティブ・クラス」とポール・レイの「カルチュラル・クリエイティブ」を検証するものである。

ラテンアメリカ諸国の中には、持続可能で創造的なアプローチを用いた交通手段（ブラジルのクリチバ）や、エンリケ・ペニャローサ市長が一九九八年から二〇〇一年にかけて導入した統合的な社会慣行（コロンビアのボゴタ）を用いて、賢明な都市化を実現している例もある。オーストラリアでは、郊外に大きな家と土地を所有したいという願望が、工場や倉庫を都心で再生するシックな脱工業化という文化的魅力の前に萎んでいる。創造性は、都市を黒く汚れた工業地帯から、ベルリンやマンチェスターのような緑豊かで持続可能な創造的文化拠点へと変貌させる核心部である。脱工業化に対置するトレンドとしては、創造的で環境に優しく、協力的な価値観を持つミレニアル世代に歓迎されている。この文脈では、脱工業化とは、工業化を全否定するのではなく、創造的で持続可能な、賢明な都市化と結び付いた価値クラスターを指す。

偉大な教育の課題

七十年以上前、国連の世界人権宣言はこう主張した。「すべての人は教育を受ける権利がある」。一九九〇年、世界銀行、ユニセフ、ＵＮＤＰ、ユネスコは、タイで「万人のための教育に関する世界会議」を開催し、「万人のための教育に関する一九九〇年ジョムティエン世界宣言」を作成した。現在ユネスコが運営する「万人のための教育（ＥＦＡ）」プロジェクトは、多くの子どもたちの就学機会を増やし、識字率の底上げに一定の成果を上げている。

しかし、「万人のための教育」アジェンダには大きな課題が残されている。第一に、一つの教育システム（主にヨーロッパ・アメリカ）を他国の文化に輸入することには、深刻な文化的影響がある。第二に、就学率の向上が実際に学習や生活の機会を増やしているかどうかを評価するのは難しい。第三に、輸入された教育モデルが、急速に変化する世界における多様な文化的未来のニーズを満たすかどうかは疑問である。

一九九〇年から二〇一〇年にかけて、いくつかの分野では改善が見られた。一九九〇年には、一億人以上の子どもたちが初等教育を受けられなかった。二〇一〇年には、依然として六千百万人近くの小学校就学年齢の子どもたちが学校に通っておらず、そのうちの四七％は学校に通う見込みがないと考えられていた。二〇一〇年時点で、就学していない子どものうち三千万人以上がサハラ以南のアフリカに住んでおり、その半数以上が「就学の見込みがない」カテゴリーに属していた。二〇一二年までに、六歳から十一歳の年齢層でさらに三百万人が就学した。しかし、「二〇一五年までに、男女を問わず世界中の子どもたちが初等教育の全課程を修了できるようになる」という国連ミレニアム開発目標には程遠い。

人権としての教育という国連宣言は、ここ数十年の教育変革の最大の原動力であった。グローバル化と企業化という市場原理と表裏一体の関係にある高等教育セクターでは、新たな推進力が生まれている。その他の原動力としては、知識産業と結び付いた教育の商品化の進展、大規模公開オンライン講座（ＭＯＯＣＳ；Massive Open Online Courses）を含む情報革命、グローバル・サウスの台頭などが挙げられる。

南アジア、西アジア、ラテンアメリカ、東ヨーロッパ中央部、アラブ諸国における教育の発展は重要である。これらは、グローバル教育が独自の勢いを増しており、もはやグローバル・ノースからの押しつけや植え付けだけではないことを示している。グローバル・サウスにおける教育革新は自己生成的なものであり、オーストラリア、カナダ、アメリカに入学する留学生の数を減少させ続けている。

将来を展望すれば、人権への長期的なコミットメントを持つユネスコが、「万人のための教育」アジェンダを継続し、サハラ以南のアフリカなど、最も困難な地域に優先的に取り組む意欲を持っていることは明らかである。ユネスコは、他の国連機関やパートナーと同様に、すべての人が教育を受けられるようにするというミレニアム開発目標(MDG)(二〇〇〇―一五)から、質の高い教育を優先する持続可能な開発目標(SDG)(二〇一五―三〇)へと重点を移さなければならない。ハンガー・プロジェクトのジョン・クーンロッドは、この二つの目標の違いを次のようにまとめている。

MDGsは量(例えば、高い就学率)に焦点を当てたが、多くの社会で教育の質が低下するのを目の当たりにした。SDGsは、「持続可能な開発と持続可能なライフスタイルのための教育、人権、ジェンダーの平等、平和と非暴力の文化の促進、グローバル・シチズンシップ、文化の多様性と持続可能な開発への文化的貢献の認識」という、教育の質、つまり学習と、より人間らしい世界の実現における教育の役割に焦点を当てた、世界共同体による初めての試みである。

「万人のための教育」プロジェクトは、長期的には世界的な非識字という課題を克服するかもしれないが、英欧の工業化時代の教育モデルを異文化に押し付けるという微妙な文化的課題に対処するようには設計されていない。また、特にアメリカでは、学齢期の子どもたちの創造性の低下や、ホームスクーリングの増加など、新たな教育的課題に対する簡単な解決策も見当たらない。ホームスクーリングは、アメリカで最も急成長している教育形態であると報告されており、学齢期の子ども二百万人から三百万人が家庭で教育を受けていると推定されている。それ自体は問題ではないが、主流教育への不満からホームスクーリングがこれほど劇的に増加していることに照らせば、アメリカの教育政策立案者にとっての課題と言える。

教育の未来における最大の課題は、単に教育へのアクセスだけではない。教育を文化的に適切なものに変え、未来に目を向け、新たな課題に対処する方法を創造的に考えられる人間全体を育てるには、どうすればいいかということである。従来の断片的、機械的、物質主義的な考え方では、地球環境、経済、社会の変化の複雑さに対処することはできない。新知識と呼ばれるものの多くは、新技術の中に再包装された、決して新しくはない知識である。創造性、想像力、批判的思考、複雑性は、重要な高次認知能力である。若者を指数関数的な変化と不確実性に適切に備えさせるためには、二十一世紀が求める教育の抜本的な見直しを可能にするこれらの能力が必要なのである。

心のメガトレンドは、教育の未来にとって極めて重要である。エドガー・モリンが主張するように、教育は思考法とともに、全面的な見直しが必要である。

今日、私たちが直面している最大の問題の一つは、ますます複雑化し、急速に変化し、予測不可能な世界という課題に対応するために、私たちの考え方をどのように調整するかということである。知識を整理する方法を考え直さなければならない。

未来学者だけでなく、多くの分野（複雑性科学、エコロジー、教育、統合研究、哲学、心理学、スピリチュアル研究、システム理論）の第一線の思想家たちが、こうした課題に取り組もうとしている。モリンと同様、私は、より複雑で、自省的で、有機的な思考方法が、教育を再構築する上で不可欠であり、若者はそうすることで複雑性、逆説、予測不可能性に対応できるようになると信じている。私が『ポストフォーマル教育』の中で記したように、私たちは新しい思考に基づいた新しい形の教育を早急に必要としている。

この百年間で、多くのことが様変わりしたが、フォーマルな学校教育制度は、産業革命の時代に人間の飼料供給用に建てられた工場学校にいまだに似ている。デジタル機器やオンラインのインフォテインメントが少し加わったとはいえ、根本的には、私たちはいまだに十九世紀に生きているかのように子どもたちを教育しているのである。

私たち人類が種として直面しているグローバルな社会的課題は、若者や将来の世代に大きな影響を与えている。正規の学校教育は、このような課題に対応できるような準備を若者に教えられていない。このことは、教育批評の多くの文献の主題であり、最近では世界中の教育ブログのページを埋め尽くしている。グローバル教育の研究者、実践者、政策立案者は、教育が地域社会、国家の優先課題、そしてグローバルな共通善に貢献するためには、ここで論じた複雑かつグローバルな社会的課題に取り組まなければならない。

教育を経済から切り離せば、社会文化的な領域でその地位を取り戻すことができる。教師はもはや子どもたちの世話係ではなく、研究者は資金集めが中心ではなく、カリキュラムは子どもたちや若者の全人格的な成長に焦点を当てるようになるだろう。教育から利益動機が取り除かれ、個人を成長させ、社会を向上させるという文化的動機に置き換われば、複雑な世界的課題に新たに取り組み始めることができるだろう。

壮大な気候変動への挑戦

最も憂慮すべき地球規模の課題は、気候危機である。私は、人為的気候変動という概念が普遍的に合意されたものではないこと、そして科学は明確であるが政治はそうではないことを認識している。気候科学者の間では、惑星の気候が地球人口の大部分にとってリスクを増大させる形で変化しているという点において、大きな合意が得られている。これは百年にわたる工業化された人間のライフスタイルの結果であり、不可逆的である可能性について広く合意されている。予見可能な将来において、世界の人間社会に最も大きな破壊的影響を及ぼすのは、極地の氷河が解けて海面が上昇し、太平洋の島々が水没し、低地国や沿岸の巨大都市が浸水することだと予想されている。これは、一万年来見られなかった規模の大移動を引き起こす可能性が非常に高い。しかし、このことについて語る人はあまりいない。

気候危機は複雑であるため、利用可能なすべての関連知識をまとめる必要がある。ここでは、私の未来類型論（表1：第三章参照）に示された多様なアプローチと、気候変動に対する現在のアプローチ（表2参照）との間に類似性があるかどうかを探る。

気候変動研究で最もよく使われている未来予測手法は、トレンド分析／モデリングと、予測に基づいた専門家によるシナリオ・マッピングである。これらは、予測的／経験的アプローチに重きが置かれており、批判的アプローチはそれほど多くない。経験的・統計的データは、変化を喚起するために使われる専門家によるシナリオ、つまりトップダウン・シナリオの基礎を形成する。気候科学者と経験志向の未来研究者のコラボレーションには価値があるかもしれな

未来学のアプローチ	未来学のキーワード	気候変動のアプローチ	気候変動のキーワード
実証主義アプローチ：気候変動の未来			
予測的／経験的	「起こりそうな未来」	気候のトレンド 「トップダウン」シナリオ	トレンドは運命 緩和 受動的適応
気候変動への未来アプローチの多元主義			
批判的／ポストモダン	「起こってほしい未来」	UNFCCC（気候変動枠組条約）プロトコル 排出量目標	温暖化を2%以内で安定化
文化的／解釈的	「起こり得る、または代替的な未来」	女性、若者、先住民族の声 気候同盟	気候変動の影響を受ける弱者のための未来
参画型／未来志向	「展望的、または参画型の未来」	気候変動のアクティビスト 「ボトムアップ」シナリオ	能動的な共同進化 社会的学習の共創
統合型／全体論的	「世界的、または統合型の未来」	国連プロトコル 地球規模の協力 上記すべて	地球規模の気候正義

Jennifer M. Gidley（2009）

表2　気候変動に対する未来のアプローチ

い。コラボレーションは、トレンド分析やモデリングによって示される、起こりそうな未来に焦点を当てるだろう。しかし、このようなアプローチは、積極的な参加ではなく、受動的な適応を意味するため、地域コミュニティからの関与や意欲を引き出すことはほとんどない。

批判的な未来アプローチは、「何が望ましいかを決めるのは誰か」を問う。気候の未来に対するこの規範的アプローチは、国連気候変動枠組条約（UNFCCC）合意（一九九二年）、京都議定書（一九九五年）、そして毎年の締約国会議（COP）で採用されている。彼らは、過度な開発に伴う気候変動に無頓着な既存の活動を批判している。このアプローチはまた、地球温暖化を緩和するための温室効果ガス（GHG）排出削減目標を共同で策定し、世界の人々にとって望ましい気候の未来を実現する。

文化的／解釈的未来哲学に基づく気候変動へのアプローチは、超開発と新自由主義的グローバリゼーションという西洋の開発モデルを批判し、次のようなアプローチをとる。それはポストコロニアル、ポストインダストリアルという視点に立ち、先住民の長老、女性、若者、そして仮想的な未来の世代の声を取り入れることで、代替可能な気候の未来を呼び起こすものである。このアプローチに沿った気候保護の例としては、「熱帯雨林先住民と欧州都市気候同盟」や、「オーストラリア若者気候連合」などがある。参画型未来アプローチは、エンパワーメントと変革の潜在力を引き出すために、情報に基づいた前向きな思考と積極的な関与を伴う。気候変動活動は参画型で行動志向であるが、より広範な正当性を主張するためには、気候問題の複雑さについて十分な情報を得る必要がある。参画型未来の手法は、気候変動の影響を受けやすい地域におけるコミュニティベースのシナリオ構築を含む。このアプローチは、地球温暖化を緩和できる家庭での行動への意欲を高め、適応を支援する社会的学習の一助となり得る。

人為的な気候変動は、惑星としての問題であり、地球規模、国家規模、地域規模での協力が必要な、超越的な規模かつ超越的に複雑な問題である。インテグラル型未来アプローチは、現在の傾向を好転させ、不可避な事態に対する共同適応の創造的な方法を見いだす上で、気候変動の未来に提供できるものが多い。インテグラル型未来の手法は、未来学分野にも気候変動分野にも十分に浸透しておらず、大きなインパクトを与えるには至っていない。しかし、このアプローチは、特に複数のアプローチを統合することで、気候変動の未来に貢献する可能性を秘めている。オランダのような海抜の低い国では、予見可能な将来に海面が大きく上昇するという予測に基づき、建築家がプランナーと協力してさまざまな種類の浮体式家屋や都市集落を建設する統合的なアプローチがとられている。

結論

この未来へのＶＳＩでは、未来について考えたり語ったりするさまざまな方法を紹介し、未来と時間との関係性の変遷を示した。三千年の時を遡る旅を通して、人々が未来とどのように関わってきたかを垣間見ることができた。未来は預言され、占われ、想像され、植民地化され、畏怖され、予測され、戦略化され、創造されてきた。人類そのものが多面的であるように、未来を完全に知ることも、予測することも、コントロールすることもできない。しかし、よりよく理解することはできる。

未来学の分野の広さと深さ、複数の未来を探求し創造するためのアプローチの幅、そして活用できるリソースの広さを紹介した。また、私が長期にわたって未来学に携わってきたことから得たリソースを活用し、それを皆さんと共有することで、今後の展望を提示しようと試みた。私が考える未来学の定義は以下の通りである。

未来学とは、私たちの今日の決断と行動がもたらす長期的な結果に責任を持つための技法であり、科学である。

前世紀半ばに多くの最先端の思想家たちが気付いたように、予測可能な未来は一つではないと知れば、私たちはより自由に代替的な未来を想像し、自己と人類にとって望ましい未来を創造するために努力することができる。

母親として、教育者として、心理学者として、そして未来学者として、長年にわたって若者たちと関わってきた中で、若者たちはしばしば、メディアやディストピア映画で描かれる未来に対する否定的なイメージに非常に深い影響を受けていることが分かった。未来に対する恐怖や、ポジティブな未来を想像する能力の欠如が、うつ病や不安症、さらには自殺につながることさえあると知った。

多くの若者にこの本を読んでもらいたい。人類が直面している地球規模の壮大な課題に気付いてほしい。恐怖感や絶望感は、多くの場合、十分に知らないことから生じる。多くの代替案や対抗策と一緒に課題を紹介することで、若い人たちにインスピレーションを与え、自分が同意できないトレンドを変える力を感じてもらいたい。創造的に考え、自分たちがデザインできる別の未来を想像してほしい。

気候変動、代替エネルギー、人道支援、健康、経済、教育の変革など、ポジティブな変化のために協力し合うことで、ポジティブな未来を創造するためのクリティカル・マス（分岐点）を生み出すことができる。

私たちは皆、望む未来を創造する能力を持っている。私たちがある程度の自由を持つ唯一の空間である未来は、大きな力を持つ場所なのである。あなたの人生でその力を握っているのは誰であろうか。私たちが実際に創造する未来のタイプは、私たちの価値観、倫理観、道徳観、意識レベルを反映している。

私はこの未来へのＶＳＩの冒頭で、私たちが直面している未来は脅威に満ちていると挑発的な主張をした。私が意図したのは、恐怖を煽ることではなく、私たちが向かい合っている課題の重大さに対する認識を高めることである。無知な状態では多くを変えることはできない。

これらの課題の多くは克服不可能に思えるかもしれないが、私たちが明晰さと想像力、そして勇気をもって立ち向かうことを選択すれば、建設的に対処できるはずだ。しかし、もし私たちが砂の中に頭を突っ込んで、人類共通の未来に関心を持たないことを選ぶのだとすれば、それは私たちの責任である。

解説

岩橋嘉大

日本で未来学が一世を風靡した時代がかつてあった。一九六〇年代以降、新京都学派の梅棹忠夫や加藤秀俊、ＳＦ作家の小松左京ら新進気鋭の知識人らが集い、日本の未来の行く末を議論していた。日本社会が高度経済成長の時代を歩んでいく中、一九七〇年の大阪万博の開催に向けて美術や建築の専門家らと協働する中で未来学のブームは、その頂点を迎えることとなる。

一九六八年には「日本未来学会」が設立され、一九七〇年には第二回国際未来学研究集会が京都で開催された。この会議は現在の「世界未来学連盟（World Futures Studies Federation）」の発足にもつながった。また、当時の日本は、国家レベルで未来を予測する技術を研究する先駆的な国のひとつでもあった。

一方、一九七〇年を分岐点に日本の未来学は急速に衰えていき、学術的な研究も停滞していくこととなった。この本を手に取られる読者においては、世代によっては上記の日本の未来学の盛衰の記憶をお持ちの方も多いかと思われる。それだけに、本書は一九七〇年代以降の未来学のグローバルな潮流やその発展を知ることができ、現代に向かう中で未来学が面目を一新したように感じた読者も少なくないのではないか。

特に、一九六〇年代から一九七〇年代初頭にかけて「単一の未来」を予測する実証主義的な手法から「複数の未来」へとシフトする歴史的変遷は、われわれが未来に対して抱く「常識」にある種のパラダイム・シフトをもたらすかもしれない。われわれが生きる現代の社会は日々加速度的に技術が進歩し、起こると想定し得ないような出来事が突然、グローバルな規模で生じる世界である。未来学はこうしたわれわれが生きる不確実な時代状況にも一定の指針を提示し、未来への非線形的な道筋に焦点をあてて進化してきたといえる。

著者のジェニファー・ギドリー氏は二〇〇九年から二〇一三年にわたって世界未来学連盟で会長を務め、心理学や教育学の領域から統合する意識の進化を研究し、教育方法の変革を提言した人物である。ギドリー氏の膨大な研究群は未来学の視点や方法論から大きな影響を受けており、第三章で示された未来学の五つのアプローチである予測、批判、解釈、参画、統合の類型は、氏が持つ未来学の歴史への深い洞察力を物語る。

また、第四章、第五章では未来学に対して散見される誤解やＡＩの飛躍、トランスヒューマニズムを検討しており、未来という時間領域に対する多面的な考察が展開される。そして、第六章では都市化、教育、気候変動に焦点をあて、グローバル規模の課題を通して未来学が持つ学際性や複数のアプローチの可能性を提示する。

かつての未来学ブームが過ぎ去ってから五十年ほどの歳月が過ぎた昨今において、学術、産業、自治体などでは再び「未来」に対する注目が高まっている状況が見受けられる。失われた数十年という言葉もある中で、日本も、未来学も五十年前とは違う姿となった。本書が日本の未来学の文脈を再考する契機となる役割を果たすことを期待したい。

（兵庫教育大学博士課程＝未来学・未来洞察）

訳者あとがき

未来学という言葉が日本で聞かれるようになったのは第二次世界大戦の終結後、しばらくしてのことだった。その言葉の登場から半世紀以上が経過するも、未来学はいまだ日本に根付いていない。

戦後、米ソ冷戦を背景に、熱核戦争などディストピアとしての未来に警鐘を鳴らす動きはあったが、日本人の多くは戦後復興に向けて汗することに必死で、未来学どころではなかった面もあるかもしれない。

精励恪勤の甲斐あってか、日本は高度経済成長期を迎え、一九六四年の東京五輪、一九七〇年の日本万国博覧会（大阪万博）と世界的なイベントを経て、国際社会での存在感を増していくことになる。特に大阪万博は「人類の進歩と調和」をテーマとし、米国から貸し出された月の石が話題を呼んだほか、人間洗濯機など未来を思わせる展示が目立った。最新の科学技術や未来的な展示に対する人々の関心は非常に高く、まもなく開催される二〇二五年大阪・関西万博と比べると、一九七〇年万博の熱狂ぶりは異様にさえ映る。

一九六四年、六年後の万博開催に合わせ、梅棹忠夫氏や小松左京氏（いずれも故人）が中心となって「万国博をかんがえる会」、通称「貝食う会」を発足させ、各人がさまざまな未来の持論を展開した。この貝食う会が現行の日本未来学会へと連なっている。梅棹氏は『未来学の提唱』（一九六七年）の中で当時、大学における「未来学科」新設について「いまから、未来学の体系について、いくらかはかんがえておいたほうがいいようにおもわれる」と提案していた。

しかしながら、その後日本で未来学が大々的に発展することはなかった。日本における未来学は現在、学問的地位はおろか認知度さえ覚束ない状況で、欧米や原著者の住むオーストラリア、中国、台湾など海外のそれに比べ、極めて貧弱と言わざるを得ない。その原因や背景の分析は本書の趣旨ではないため詳述は避けるが、翻訳書である本書執筆の動機は、まさに未来学の普及に関する日本の出遅れを巻き返さんとする、焦りにも似た思いにある。

未来学という言葉や概念が広まっていない現状は別として、本書に出てくるデルファイ法やバックキャスティング、トレンドスポッティングといった手法は、日本でもビジネスの現場で既によく見聞される。ただ、「未来は過去のトレンドの予測に過ぎない」と未来を矮小化して扱う一部のトレンドスポッティングのようなアプローチに対し、ギドリー氏は「この軽薄で大衆迎合的なアプローチは、市場調査などでは商業的にかなり成功しているかもしれない」と冷ややかな皮肉の賛辞を送っている。未来学はそうした商業的成否などには左右も限定もされない、より広範で包括的な学問領域である。

本書は、未来学の一要素、一側面だけに光を当てるような近視眼的アプローチとは一線を画す。ギドリー氏が四十年以上にわたり見てきた未来学の発展を鳥瞰し、未来学の系譜を辿ることにより、体系的な整理を試みた。すなわち、紀元前からの連綿たる人類の歴史における未来への視座を、未来という言葉の由来や定義といった原点から読み解き、未来を扱った書物を幅広く調べ上げ、その共通性や異質性、相違点をつぶさに見比べ、解釈と再解釈と咀嚼を繰り返し、独自の視点やメソドロジーを確立した。

学問としての未来学はここ半世紀ほどの間に成立されたものかもしれないが、その萌芽や源流は確かに、トマス・モアの『ユートピア』やさらに遡ってプラトン、司馬遷といった顕学の思想に見いだせると、ギドリー氏の言説には得心が行く。

本書でギドリー氏が指摘している通り、未来学者《フューチャリスト》などというと、何やら未来をぴたりと言い当てたり、ややもすれば水晶玉を使って占ったりするような印象を持たれがちである。未来学は、まだ起こっていない事象を扱うだけに、再現性を担保しにくい。予測や予想が外れることは少なくなく、そのたび未来を扱うことの難しさが露呈し、同時に未来学に対する人々の失望や誤解を生んでもいる。

ただあらためて、未来予測≠未来学であることは強調しておきたい。

未来学は、未来予測の手段を内包しつつ、人々が夢見る「こうなったらいいな」(preferable)や「きっとこうなるだろう」(probable)といった未来が混在するさまざまな可能性を扱う。一方で、起こってほしくない（unpreferable）未来や起こりそうにない（improbable）未来にも目を向け、未来が持ち得る不都合や不条理と向き合う学問でもある。

無限に広がる未来は、今後ますます複雑化していくだろう。その到来への備えが今ほど難しい時代は過去になかったのではないか。

二〇二〇年以降だけでも、新型コロナウイルスの感染拡大やロシアによるウクライナ侵攻、そして中東の戦火の広がりなど、想定困難かつ対処困難な事態に多数直面している。世界は、人類はそのようなことに出くわし得るという事実について、未来が到来し、その未来が今、過去となって初めて認識することが少なくない。

現代は未来が見通しづらい時代であると同時に、未来学の思想に逆行するような世界的な風潮があることもまた事実である。

本書に出てくる「第七世代の原則」や「二百年現在」の考え方は尊いものの、自分のこと、自分たちのことだけで精一杯で余裕がなく、殺伐とさえしている昨今の世情からすると、もしかしたら馴染みにくいかもしれない。米国の舵取りを再び担うトランプ氏の自国第一主義は、そうした世相を象徴的に映し出している。どの国も、どの世代もそれぞれに抱える課題や悩みに四苦八苦し、自分だけがよければいいという風潮が蔓延している。他者を思いやる、ましてまだ存在しない、数世代先の世代にまで思いを馳せるなどとは、期待しづらい時世かもしれない。

それでも、なお、未来には希望があると信じたい。

パンデミックや戦争といった事態に陥ることを未然に防ぐ手立てがあれば、あるいはある程度備えることができれば、過去・現在・未来はまた違ったものになっていたであろう。歴史にifはないと重々承知しつつ敢えてそう言いたい。想定困難であっても想定不能ではなく、対処困難であっても対処不能ではないはずである。未来学を修める意義はまさにそこにあり、未来の希望もそこにあると信じる。

原著者ギドリー氏は、暗示される未来の不安や絶望を知り尽くしながら、それを超克してもたらされる福音や希望に彩られた未来を描く。本書を通じて、未来学の系譜、ひいては人類が思い描いてきた未来の夢を振り返りつつ、未来学の可能性の広がりを感じられるはずである。原著は二〇一七年刊行でありながら、パンデミックや（二〇二五年の大阪・関西万博の目玉になるはずだった）空飛ぶ車にも触れられ、その今日的とも言えるテーマへの言及は多分に予見的であり、示唆に富んでいる。本書が個人、企業・組織、社会、世界の未来をより良いものにする一助になるとすれば、訳者として望外の喜びである。

なお、学問としての未来学の基礎や方法論については、本書でも紹介されたイエール大学で教鞭を執っていた故ウェンデル・ベルの *Foundation of Futures Studies* が詳しいため、そちらに譲りたい。折を見て邦訳の機会を捉えるべく考えている。

最後に、本書刊行に当たり、ご尽力いただいた白水社の竹園公一朗氏に心から感謝申し上げる。

二〇二五年一月

南龍太

訳者略歴

南龍太（みなみ・りゅうた）

世界未来学連盟（WFSF）アソシエイト・日本支部代表、日本未来学会理事。大手情報通信シンクタンクの主任研究員として勤める傍ら、人工知能（AI）や宇宙、脳科学、外国人の多文化共生に関する記事や書籍を執筆。元共同通信社記者。東京外国語大学ペルシア語学科卒。新潟県出身。著書に『生成AIの常識』（ソシム）、『電子部品業界大研究』、『AI・5G・IC業界大研究』（ともに産学社）、翻訳書に『Futures Thinking Playbook』など。

未来学

人類三千年の〈夢〉の歴史

二〇二五年一月一五日 印刷
二〇二五年二月一〇日 発行

著者 ジェニファー・M・ギドリー
訳者 © 南龍太
発行者 岩堀雅己
印刷所 株式会社理想社
発行所 株式会社白水社

東京都千代田区神田小川町三の二四
電話 営業部〇三（三二九一）七八一一
編集部〇三（三二九一）七八二一
振替 〇〇一九〇・五・三三二二八
郵便番号 一〇一・〇〇五二
www.hakusuisha.co.jp

乱丁・落丁本は、送料小社負担にてお取り替えいたします。

誠製本株式会社

ISBN978-4-560-09145-6
Printed in Japan

未来にまつわる世界のタイムライン

1,000年>	シビュラの巫女
1,000年>	預言者たち
前380年	プラトン『国家』―正義に基づく理想社会
前145～90年	司馬遷―五行の循環
前106～43年	ローマの哲学者キケロ、「過去」と「未来」の区別
前70～19年	ウェルギリウス『牧歌第四歌』―アルカディアのイメージ
● 西暦紀元	
426年	アウグスティヌス『神の国』―ユートピア社会
● 12世紀	
1180年頃	フィレンツェのヨアキム―地上における三つの偉大な時代［父の時代・子の時代・聖霊の時代］、第三の時代は1260年に始まる
● 13世紀	
1260年	ロジャー・ベーコン『芸術と自然の秘密の働きと魔法の虚栄心に関する手紙』―自動車、ヘリコプターを予見
● 14世紀	
1378年	イブン・ハルドゥーン『歴史序説』―社会変化の循環論
● 15世紀　イタリア・ルネサンス	
1485年頃	ダ・ヴィンチ―飛行機械と理想都市
● 16世紀	
1516年	トマス・モア『ユートピア』―個人主義よりも強い共同体としての価値観
1543年	コペルニクス『天球の回転について』―新しい天文学
1555年	ノストラダムス『預言書』
1589年	デ・モリナ『コンコルディア』―「未来」は偶発的なもの
● 17世紀　科学革命	
1602年	カンパネッラ『太陽の都』

1627年　フランシス・ベーコン『ニュー・アトランティス』―啓蒙主義の価値観に基づくユートピア

1637年　デカルト『方法序説』―デカルト的合理主義

1638年　ゴドウィン『月の男』―最初期のSF作品

1662年　ボイル『ボイルのウィッシュリスト』―24の予言的な科学的予測

1686年　ド・フォントネル『世界の複数性についての対話』―他の惑星上の生命

1687年　ニュートン『プリンキピア』―近代科学の誕生

1697年　ライプニッツ『事物の根本的起源』―ダーウィンの進化論を予見

● 18世紀　欧州の啓蒙時代

1748年　ラ・メトリ『人間機械論』

1750年　テュルゴ『人間精神の継続的進歩の哲学的素描』

1752年　モーペルテュイ『書簡集』―記憶と「予見」

1751～72年　ディドロ『百科全書』―フランス啓蒙主義の主要文献

1760年　英国で産業革命が始まる

1762年　ルソー『社会契約論』―参画型民主主義のユートピア

1775～1783年　米国独立革命―英国に勝利し、米国を建国

1771年　メルシエ『2440年』―楽観的ユートピア小説

1774年　ヘルダー『人間形成に関する私なりの歴史哲学』。

1781年　カント『純粋理性批判』―ヨーロッパ啓蒙主義の主要文献

1783年　パリでモンゴルフィエ気球が打ち上げ

1786年　蒸気機関発明

1789～1799年　フランス革命

1790年代　ドイツにおけるロマン派全盛期

1795年　ド・コンドルセ『人間精神の進歩の歴史的素描』

1796年　ゲーテ『ヴィルヘルム・マイスターの修業時代』―最初の教養小説

1798年　マルサス『人口論』

● 19世紀　欧州産業革命

1800年　シェリング『超越論的観念論の体系』―意識の進化

1802年　レチフ・ド・ラ・ブルトンヌ『死後』―最初の「スーパーマン」のフィクション作品

1805年　ド・グランヴィル『最後の人』

1818年　メアリ・ウルストンクラフト・シェリー『フランケンシュタイン』

1826年　メアリ・ウルストンクラフト・シェリー『最後のひとり』
1848年　マルクスとエンゲルス『共産党宣言』
1859年　ダーウィン『種の起源』―進化論
1883～87年　ニーチェ『ツァラトゥストラはかく語りき』―超人（スーパーマン）
1894年　シュタイナー『自由の哲学』―意識の進化
1895年　ウェルズ『タイムマシン』

● 20世紀

1901年　ウェルズ『予期』、『宇宙戦争』
1907年　ベルクソン『創造的進化』―ダーウィン進化論の代替案
1917年　ロシア十月革命
1922年　マンフォード『ユートピアの系譜 新版：理想の都市とは何か』
1927年　ラング監督の映画『メトロポリス』―最初の悪役ロボットの映画
1928年　ソビエト連邦初の五カ年計画
1929年　米国大統領フーバー、社会動向調査委員会
1930年　ステープルドン『最後にして最初の人類』
1932年　オルダス・ハクスリー『素晴らしい新世界』
1929～39年　世界大恐慌。ルーズベルト大統領の社会工学プラン
1939年　ニューヨーク万国博覧会『明日の世界』
1942年　アシモフ『堂々めぐり』のロボット三原則
1944年　マンフォード『人間の条件』
1945年　バックミンスター・フラー、最初の「ジオデシック・ドーム」〔三角形の集合体により作られる球体〕
1949年　フレヒトハイム『未来学：新しい科学か？』
　オーウェル『1984年』
1950年　テイヤール・ド・シャルダン『前人類から超人類へ』
1955年　テイヤール・ド・シャルダン『現象としての人間』フランス語版
　ポラック『未来像』第1巻第2巻
1956年　マンフォード『変貌する人間』
1957年　ベルジェ「国際展望センター」設立
　ジュリアン・ハクスリー―初めて「トランスヒューマニズム」という言葉を使用
1959年　テイヤール・ド・シャルダン『人間の未来』

	ガルトゥング、オスロ平和研究所
	ヘルマー、レシャー、ダルキーによるデルファイ法
1960年	ド・ジュヴネル「国際フューチュリブル協会」設立
1960年代	カーン（ランド研究所）『熱核戦争』
	フラー『ワールドゲーム』—世界問題をプレイヤーが解決
1962年	マクルーハン『グーテンベルクの銀河系』—インターネットのインパクト
	カーソン『沈黙の春』—環境保護への意識
	カーン『考えられないことを考える』
	オルダス・ハクスリー『島』—ユートピア小説
1964年	ド・ジュヴネル『予測の技術』
	マクルーハン『メディア論』
1965～73年	2000年委員会
1966年	アーシュラ・K・ル・グィン『ロカノンの世界』—彼女の最初の未来小説
	「世界未来学会」—コーニッシュにより設立
1967年	『人類二〇〇〇年』会議（ノルウェー・オスロ）
1968年	『Futures』創刊—英国初の未来学専門誌
	「ローマクラブ」—ペッチェイとキングにより設立
	『2001年宇宙の旅』映画公開
1969年	ユンク、ガルトゥング『人類二〇〇〇年』会議録
	マクヘイル『未来の未来』
1970年	オズベハン『人類の危機』ローマクラブ
	アルビン・トフラー、ハイディ・トフラー『未来の衝撃』
1971年	「ハワイ未来学センター」—データーにより設立
1972年	メドウズ、ランダース著『成長の限界』
	トフラー編『未来学者』
1973年	世界未来学連盟—パリで設立
	ダニエル・ベル『脱工業化社会の到来』
1975年	ドブロブニク「大学間センター」設立
	メキシコ「ハビエル・バロス・シエラ財団」設立
1976年	カーン『次の200年』
1977年	「オルタナティブ・フューチャーズ研究所」—ベゾルド、データー、トフラーにより設立

	ラズロ『人類の目標』ローマクラブ
1979年	映画『マッドマックス』―ディストピア的未来を描いた初期作品
1982年	ハーマン、マークリー『人間のイメージの変化』
	ネイスビッツ『メガトレンド』
1983年	マシーニ編『望ましい社会のビジョン』
1986年	ザルツブルク『国際未来図書館』―ユンクにより設立
	ドレクスラー『創造のエンジン』―ナノテクノロジーについて
1987年	世界環境開発委員会
1988年	ハンス・モラベック『電脳生物たち』
	ハーマン『グローバル・マインド・チェンジ』
1990年	バーバラ・アダム『時間と社会理論』
	エリス・ボールディング『グローバルな市民文化の構築』
1990～6年	UNESCOクリアリングハウス―フューチャー・スキャン：FUTURESCO
1993年	マシーニ『なぜフューチャーズ・スタディーズなのか?』
	ラースローにより「ブダペストクラブ」設立―人間的価値、意識
1997年	ベル『未来学の基礎』第1巻および第2巻
	スローター『未来学の基礎知識』第1巻
1999年	モラン『母なる地球：新千年紀のためのマニフェスト』
	映画『マトリックス』
2000年	イナヤトゥラ、ギドリー編『変容する大学』
	ピーテルス編『グローバル・フューチャーズ：グローバリゼーションの形成』

注　：2000年以降の動向については本文を参照のこと。
出典：Janna Anderson (2006), *Futures Studies Timeline*; Jenny Andersson (2015), *Midwives of the Future*; Wendell Bell (1997), *Foundations of Futures Studies I*; I. F. Clarke (1979), *The Pattern of Expectation*; Johan Galtung and Sohail Inayatullah (1998), *Macrohistory and Macrohistorians*; Eleonora Masini (1982), *Reconceptualizing Futures*; and Wendy Schultz (2012), *The History of Futures*.

レファレンス

イントロダクション

Warren W. Wagar (1983). H. G. Wells and the Genesis of Future Studies. *World Network of Religious Futurists.* Retrieved from <http://www.wnrf.org/cms/hgwells.shtml>.

Ossip K. Flechtheim (1949). Futurology: The New Science? *The Forum* (April), 206–9.

Bertrand de Jouvenel (1964/1967). *The Art of Conjecture* (translation of *L'Art de la conjecture* by Nikita Lary). London: Weidenfeld and Nicolson.

Lyman Tower Sargent (2010). *Utopianism: A Very Short Introduction.* Oxford: Oxford University Press.

第一章　三千年の未来

Jean Gebser (1949/1985). *The Ever-Present Origin.* Athens, Oh.: Ohio University Press.

Barbara Adam (2004). *Time (Key Concepts).* Cambridge: Polity Press.

Eleonora Masini (1996). International Futures Perspectives and Cultural Concepts of the Future. In R. Slaughter (ed.), *The Knowledge Base of Futures Studies, Volume I.* Hawthorn, Victoria, Australia: DD Media Group.

Frederick L. Polak (1973). *The Image of the Future* (translated and abridged by Elise Boulding). San Francisco: Jossey-Bass.

Ignatius Frederick Clarke (1979). *The Pattern of Expectation: 1644–2001.* London: Jonathan Cape.

Tommaso Campanella (1901). *The City of the Sun.* In *Ideal Commonwealths.* New York: P. F. Collier & Son. Web edition published by eBooks@Adelaide.

Catherine Redford (2012). The Last Man. *Catherine Redford's Romanticism Blog.* <http://www.catherineredford.co.uk/2012/08/the-last-man.html>.

第二章　増殖する未来

Jenny Andersson (2015). Midwives of the Future: Futurism, Futures Studies and the Shaping of the Global Imagination. In J. Andersson and E. Rindzeviciute (eds), *The Struggle for the Long-Term in Transnational Science and Politics: Forging the Future*: London: Routledge.

Nicholas Rescher (1998). *Predicting the Future: An Introduction to the Theory of Forecasting*. New York: SUNY Press.

Rolf Kreibich (2007). All Tomorrow's Crises. *IP—Global Edition* (Spring), 'Limits to Growth', 11–15.

Nicholas Rescher (1967). The Future as an Object of Research. RAND Corporation paper P-3593, Santa Monica, Calif.

Robert Jungk and Johan Galtung (eds) (1969). *Mankind 2000*. Oslo: George Allen & Unwin.

第三章　進化する未来学の領域

James Dator (2009). Alternative Futures at the Manoa School. *Journal of Futures Studies*, 14(2), 1–18.

Johan Galtung (1982). *Schooling, Education and the Future* (Vol. 61). Malmo: Department of Education and Psychology Research, Lund University.

Jennifer M. Gidley (18–19 November 2010). Is Futures Studies Keeping up with the Times? Speculations on the Futures of Futures Thinking. Paper presented at the Stockholm Futures Conference 'Our Future in the Making', Stockholm.

Ziauddin Sardar (1999). *Rescuing All our Futures: The Future of Futures Studies*. Westport, Conn.: Praeger.

Elise Boulding (1988). Image and Action in Peace Building. *Journal of Social Issues*, 44(2), 17–37.

Richard Slaughter (2003). *Integral Futures: A New Model for Futures Enquiry and Practice*. Melbourne: Australian Foresight Institute.

Jennifer M. Gidley (2010). An Other View of Integral Futures: De/reconstructing the

IF Brand. *Futures: The Journal of Policy, Planning and Futures Studies*, 42(2), 125–33.

第四章　水晶玉、空飛ぶ車、ロボット

Braden R. Allenby and Daniel Searewitz (2011). *The Techno-Human Condition*. Boston: MIT Press.

Nick Bostrom (2014). *Superintelligence: Paths, Dangers and Strategies*. Oxford: Oxford University Press.

Verner Vinge (1993). The Coming Technological Singularity: How to Survive in the Post-Human Era. Paper presented at the VISION-21 Symposium.

Lewis Mumford (1946). *Values for Survival: Essays, Addresses, and Letters on Politics and Education*. New York: Harcourt Brace and Co.

第五章　テクノトピア的な未来か、人間中心の未来か？

Oliver Markley and Willis Harman (1982). *Changing Images of Man*. Oxford: Pergamon Press.

Chad Wellmon (2011). Touching Books: Diderot, Novalis, and the Encyclopedia of the Future. *Representations*, 114 (Spring), 65–102.

Alison Bashford (2013). Julian Huxley's Transhumanism. In M. Turda (ed.), *Crafting Humans: From Genesis to Eugenics and Beyond*. Taiwan: V & R Unipress National Taiwan University Press.

Michael Murphy (1992). *The Future of the Body: Explorations into the Further Evolution of Human Nature*. Los Angeles: Jeremy P. Tarcher.

Jennifer M. Gidley (2010). Globally Scanning for Megatrends of the Mind: Potential Futures of 'Futures Thinking'. *Futures: The Journal of Policy, Planning and Futures Studies*, 42(10), 1040–8.

Duane Elgin and Coleen LeDrew (1997). *Global Consciousness Change: Indicators of an Emerging Paradigm*, San Anselmo, Calif.: The Millennium Project.

第六章　グローバルな未来への壮大な挑戦

James Dator (2009). The Unholy Trinity, Plus One. *Journal of Futures Studies*, 13(3), 33–48.

Jorgen Randers (2012). *A Global Forecast for the Next 40 Years: 2052*. White River Junction, Vt: Chelsea Green Publishing.

Hazel Henderson (2014). *Mapping the Global Transition to the Solar Age: From 'Economism' to Earth System Science*. London: ICAEW.

Maurizio Carta (2007). *Creative City: Dynamics, Innovations, Actions*. Barcelona: LISt Laboratorio.

Jennifer M. Gidley (2016). Understanding the Breadth of Futures Studies through a Dialogue with Climate Change. *World Future Review*, 8(1), 24–38.

今後の学びに向けて —— 読書＆ WEB 案内

一般書

以下に古典的な未来関連書の一覧を示す。こちらの WFSF のリンクも参照されたい。
<http://www.wfsf.org/resources/futures-publications-books>.

Adam, B., and Groves, C. (2007). *Future Matters: Action, Knowledge, Ethics (Supplements to the Study of Time)*. Leiden: Brill.

Bell, W. (1997). *Foundations of Futures Studies I & II*. New Brunswick, NJ: Transaction Publishers.

Binde, J. (2001) (ed.) *Keys to the 21st Century*. Paris: UNESCO & Berghahn Books.

de Jouvenel, B. (1964/1967). *The Art of Conjecture* (translation of *L'Art de la Conjecture* by Nikita Lary). London: Weidenfeld and Nicolson.

Gidley, J., and Inayatullah, S. (2002). *Youth Futures: Comparative Research and Transformative Visions*. Westport, Conn.: Praeger.

Inayatullah, S., and Gidley, J. (eds) (2000). *The University in Transformation: Global Perspectives on the Futures of the University*. Westport, Conn.: Bergin & Garvey.

Jungk, R., and Galtung, J. (eds) (1969). *Mankind 2000*. Oslo: George Allen & Unwin.

Masini, E. (1993). *Why Future Studies?* London: Grey Seal.

Slaughter, R. (1999). *Futures for the Third Millennium: Enabling the Forward View*. St Leonards, NSW: Prospect Media.

定期刊行物

未来学の学問領域の拡大に伴い、いくつかの学術誌が創刊された。以下に査読付きの未来学・未来洞察の学術誌の一覧を URL とともに示す。こちらの WFSF のサイトも参照されたい。

<http://www.wfsf.org/resources/futures-publications-journals>.

Futures: The Journal of Policy, Planning and Futures Studies, London: Elsevier, founded 1969.

<http://www.journals.elsevier.com/futures/>.

European Journal of Futures Research, Berlin: Springer, founded 2013. <http://www.springer.com/philosophy/history+of+science/journal/40309>.

Futuribles, Paris: Futuribles International, founded 1960.

<https://www.futuribles.com/en/>.

World Future Review, Hawai'i: Sage, founded 2009.

<https://au.sagepub.com/en-gb/oce/world-future-review/journal202156#description>.

Foresight: The Journal of Future Studies, Strategic Thinking and Policy, London: Emerald, founded 1999.

<http://www.emeraldgrouppublishing.com/products/journals/journals.htm?PHPSESSID=if4gij4mdfomo157e0oprpafj1&id=fs>.

Web リソース

以下に世界的な主要組織のリンクを示す。

World Futures Studies Federation: <www.wfsf.org>.

Association of Professional Futurists: <apf.org>.

The Future of Humanity Institute: <www.fhi.ox.ac.uk>.

World Future Council: <www.worldfuturecouncil.org>.

World Future Society: <www.wfs.org>.

The Millennium Project: <www.millennium-project.org>.

イントロダクション

未来学の名称に関する優れた概説書は以下の通りである。Wendell Bell (1996), 未来学の概観として以下参照。In R. Slaughter (ed.), *The Knowledge Base of Futures Studies, Volume I*. Hawthorn, Victoria, Australia: DD Media Group; Eleonora Masini (1993), *Why Future Studies?* London: Grey Seal; Ziauddin Sardar (2010), The Namesake: Futures; Futures Studies; Futurology; Futuristic; Foresight—What's in a

Name? *Futures: The Journal of Policy, Planning and Futures Studies*, 42(3), 177–84.

時間と未来の関係性についての優れた概説書は以下参照。Barbara Adam (2004), *Time (Key Concepts)*. Cambridge: Polity Press.

歴史的観点からすれば、以下の価値が高い。H. G. Wells (1932/1987), 'Wanted Professors of Foresight!' *Futures Research Quarterly (World Future Society)* (Spring).

第一章　三千年の未来

時間意識に関する意識体系の進化の概説については、以下参照。Jennifer M. Gidley (2007), The Evolution of Consciousness as a Planetary Imperative: An Integration of Integral Views. *Integral Review: A Transdisciplinary and Transcultural Journal for New Thought, Research and Praxis*, 5, 4–226; Ken Wilber (1981/1996), *Up from Eden*. Wheaton, Ill.: Quest Books.

マクロ史観の優れた概説書は以下参照。Johan Galtung and Sohail Inayatullah (1998), *Macrohistory and Macrohistorians*. Westport, Conn.: Praeger.

未来思考の遠大な歴史についての最適な概説書は、以下参照。Wendell Bell (1997/2003), *Foundations of Futures Studies I: History, Purposes, Knowledge*. New Brunswick, NJ: Transaction Publishers. 未来学の小史については、以下参照。 Wendy Schultz (2012), The History of Futures. In A. Curry (ed.), *The Future of Futures* (pp. 3–7): Association of Professional Futurists.

ユートピアとディストピアの概説としては、以下参照。Lyman Tower Sargent (2010), *Utopianism: A Very Short Introduction*. Oxford: Oxford University Press; and Gregory Claeys (ed.) (2010), *The Cambridge Companion to Utopian Literature*. Cambridge: Cambridge University Press.

第二章　増殖する未来

哲学における多元論の変遷の概要については以下参照。Jürgen Habermas (1972), *Knowledge and Human Interests* (2nd edn). London: Heinemann.

冷戦期における未来思考の歴史については、以下の各書を参照されたい。Jenny Andersson (2012), The Great Future Debate and the Struggle for the World. *American Historical Review*, 117(5), 1411–30; Elke Seefried (2014), Steering the Future: The Emergence

of ‘Western’ Futures Research and its Production of Expertise, 1950s to early 1970s. *European Journal of Futures Research*, 2(1), 1–12; Hyeonju Son (2015), The History of Western Futures Studies: An Exploration of the Intellectual Traditions and Three-Phase Periodization. *Futures: The Journal of Policy, Planning and Futures Studies*, 66, 120–37; and a special issue of *Futures* (2005) Volume 37, No. 5.

個々人の未来へのアプローチに関する概説書としては、以下参照。 Verne Wheelwright (2012), *It's your Future . . . Make it a Good One!* Harlingen, Tex.: Personal Futures Network.

第三章　進化する未来学の領域

その他の未来へのアプローチの体系的分類としては以下のようなものがある。 Sohail Inayatullah (1990), Deconstructing and Reconstructing the Future: Predictive, Cultural and Critical Epistemologies. *Futures*, 22(2), 115–41; Richard Slaughter (1999), Professional Standards in Futures Work. *Futures: The Journal of Policy, Planning and Futures Studies*, 31(8), 835–51; Peter Moll (1996), The Thirst for Certainty: Futures Studies in Europe and the United States. In R. Slaughter (ed.), *The Knowledge Base of Futures Studies, Volume 1*. Melbourne, Victoria: Foresight International; and Éva Hideg (2015), *Paradigms in Futures Field, Volume 21*. Budapest: Corvinus University.

未来概念の発展に関するより広範な書籍としては、以下を参照されたい。 Eleonora Masini (1982), Reconceptualizing Futures: A Need and a Hope. *World Future Society Bulletin* (November–December), 1–8; and Richard Slaughter (1999), *Futures for the Third Millennium: Enabling the Forward View*. St Leonards, NSW: Prospect Media.

インテグラルな未来をめぐる未来論争についての詳細は、以下参照。 Special issues of *Futures* (2008) Volume 40(2); *Futures* (2010) Volume 42(2); and special issue of *Journal of Integral Theory and Practice*, 6(2).

時間概念の拡張をめぐっては、以下の各書が詳しい。Elise Boulding (1990), *Building a Global Civic Culture: Education for an Interdependent World*. New York: Syracuse University Press; Danny Hillis, Rob Seaman, Steve Allen, and Jon Giorgini (2012), *Time in the 10,000-Year Clock*. Washington, DC: American Astronomical Society.

未来学の方法論に関する優れた概説書は以下の通りである。 Richard A. Slaughter

with Marcus Bussey (2005/2012), *Futures Thinking for Social Foresight*. Brisbane: Foresight International; Joseph Voros (2003), A Generic Foresight Process Framework. *Foresight*, 5(3), 20–1; Michael Jackson (2013), *Practical Foresight Guide—Shaping Tomorrow*, chapter 3 <https://www.shapingtomorrow.com/ media-centre/pf-ch03.pdf>; Jerome C. Glenn and Theodore J. Gordon (2009), *Futures Research Methodology Version 3.0*, The Millennium Project.

第四章　水晶玉、空飛ぶ車、ロボット

現代のトランスヒューマニズムとポストヒューマニズムの最も優れた概説書は以下の通りである。Nick Bostrom (2003/5), Transhumanist Values. In F. Adams (ed.), *Ethical Issues for the 21st Century*. Oxford: Philosophical Documentation Centre Press; Nick Bostrom (2008), Why I Want to be a Posthuman When I Grow up. In B. Gordijn and R. Chadwick (eds), *Medical Enhancement and Posthumanity* (107–37). New York: Springer.

カーツワイルのシンギュラリティ理論の概説については、以下参照。Ray Kurzweil (2006), *The Singularity is Near: When Humans Transcend Biology*. New York: Penguin; The Viking Press.

ネオ・コルヌコピア的アプローチには、以下が含まれる。Byron Reese (2013), *Infinite Progress: How the Internet and Technology will End Ignorance, Disease, Poverty, Hunger and War*. Austin, Tex.: Greenleaf Books.

新マルサス主義的なアプローチには、以下が含まれる。Lindsay Grant (1993), Cornucopian Fallacies. *Focus*, 3(2); Jared Diamond (2005), *Collapse: How Societies Choose to Fail or Succeed*. New York: Viking.

AIに関連する実存的リスクに関する議論については、以下を参照されたい。Nick Bostrom (2014), *Superintelligence: Paths, Dangers and Strategies*. Oxford: Oxford University Press; Jaron Lanier (2013), *Who Owns the Future?* New York: Simon & Schuster.

第五章　テクノトピア的な未来か、人間中心の未来か？

人間中心のイメージについては、以下の各書に詳しい。Fred Polak (1973), *The Image of the Future* (translated and abridged by Elise Boulding). San Francisco: Jossey-Bass;

Jacques Attali (2006/2009), *A Brief History of the Future: A Brave and Controversial Look at the Twenty-First Century* (translated by J. Leggatt). New York: Skyhorse Publishing.

人文主義的なトランスヒューマニズムの起源については以下を参照されたい。 Pierre Teilhard de Chardin (1959/2002), *The Phenomenon of Man*. New York: Perennial; Pierre Teilhard de Chardin (1959/2004), *The Future of Man*. New York: Image Books, Doubleday; Julian Huxley (1957), Transhumanism. In J. Huxley (ed.), *New Bottles for New Wine* (pp. 13–17). London: Chatto & Windus.

自然進化の超人理論に関するさらなる文献としては、以下の通りである。 Henri Bergson (1907/1944), *Creative Evolution* (translated by A. Mitchell). New York: Macmillan & Co.; Rudolf Steiner (1914/1973), *The Riddles of Philosophy* (*GA 18*) (4th edn). Spring Valley, NY: The Anthroposophic Press; Michael Murphy (1992), *The Future of the Body: Explorations into the Further Evolution of Human Nature*. Los Angeles: Jeremy P. Tarcher.

意識の進化と人間中心の未来についての概説書は、以下のようなものがある。 Abraham Maslow (1971), *The Farther Reaches of Human Nature*. New York: The Viking Press; Ken Wilber (2000), *Integral Psychology: Consciousness, Spirit, Psychology, Therapy*. Boston: Shambhala; and Ervin László (2006), *The Chaos Point: The World at the Crossroads*. Charlottsville, Va: Hampton Roads Publishing Company, Inc.

文化的進化に関する優れた概説としては以下参照。 Richard Tarnas (1991), *The Passions of the Western Mind*. New York: Random House; Jürgen Habermas (1979), *Communication and the Evolution of Society*. Boston: Beacon Press.

ポストフォーマル理論に関する優れた概説としては以下参照。 Jan Sinnot (1998), *The Development of Logic in Adulthood: Postformal Thought and its Applications*. New York: Springer; Michael L. Commons and Sara Ross (2008), What Postformal Thought is, and Why it Matters. *World Futures*, 64, 321–9; and Jennifer M. Gidley (2016), 'Postformal in Psychology' (chapter 5) in *Postformal Education: A Philosophy for Complex Futures*. Dordrecht: Springer.

第六章　グローバルな未来への壮大な挑戦

地球規模の課題に関する概説は以下参照。 World Economic Forum *Outlook on the*

Global Agenda Report 2015; and Jerome C. Glenn, Elizabeth Florescu, and The Millennium Project Team 2015–2016 State of the Future Report.

クリエイティブシティを含む新たな都市化に関する良書としては、以下参照。Tigran Haas (ed.) (2008), *New Urbanism and Beyond: Designing Cities for the Future*. New York: Rizzoli; Sasha Kagan (2010), Workshop 3: Sustainable Creative Cities: The Role of the Arts in Globalised Urban Contexts. In *4th Connecting Civil Societies in Asia and Europe (CCS4) Conference*. Brussels: Leuphana, Institut für Kulturtheorie.

脱工業化社会の創造的文化についての入門書には、以下参照。 Paul Ray (1996), The Rise of Integral Culture. *Noetic Sciences Review*, 37, Spring; Richard Florida (2002), *The Rise of the Creative Class; and How It's Transforming Work, Leisure, Community and Everyday Life*. New York: Basic Books.

教育における課題と変革の概要については、以下参照。 Jennifer M. Gidley (2016), *Postformal Education: A Philosophy for Complex Futures*. Dordrecht: Springer International; and Edgar Morin (2001), *Seven Complex Lessons in Education for the Future*. Paris: UNESCO.

気候危機と対応策のさらなる文献としては以下参照。Intergovernmental Panel on Climate Change (IPCC), *IPCC, 2014*: R. K. Pachauri and L. A. Meyer (2014) (eds), *Climate Change 2014: Synthesis Report. Contribution of Working Groups I, II and III to the Fifth Assessment Report of the Intergovernmental Panel on Climate Change.* Geneva: IPCC.

図版

1a *The Nabonidus Chronicle*, an ancient Babylonian text, reports that the Greeks adopted the Persian Achaemenid Calendar 330 BCE
British Museum

1b Ancient candle clock
Syria: A candle clock, from al Jazari's 'Book of Knowledge of Ingenious Mechanical Devices' (1315 CE) / Pictures from History / Bridgeman Images

2a Prague astronomical clock, 1410 CE
Andrew Shiva, Wikimedia Commons

2b Digital Pebble smartwatch, 2016
Wikimedia Commons

3 The Man in the Moone, 1768
Written by Francis Godwin under the pseudonym Domingo Gonsales, Illustrator unknown

4a Montgolfier balloon, 1783
Courtesy of Library of Congress Prints & Photographs Division, LC-DIG-ppmsca-02447

4b French fantasy images of flight, 1900
Courtesy of Library of Congress Prints and Pictures division, digital ID ppmsca.02561

5 Futures methods as part of Generic Foresight Process
This graphic adapted from a 2000 version. Original published in Foresight 2003, 5(3): 10–21.
© 2000–2016 Joseph Voros

6 Typology of five evolving futures approaches
© 2010 Jennifer M. Gidley

7 Long Now clock, 1999
Courtesy of the Long Now Foundation

8 *Flying Firemen in the year 2000*, Jean-Marc Côté, 1899
Wikimedia Commons

9 Futuristic Flying Car, c.1900, Harry Grant Dart
Courtesy of Library of Congress Prints and Pictures division, digital ID 13554u

10 A flying car, 2015, proposed for launch in 2017
Courtesy of Aeromobil

11 Herbert Televox, 1927
Courtesy of the Heinz History Center

12 Atlas, 2013, Boston Dynamics winner of the DARPA Challenge in 2013
Public Domain

13 Global environmental, geo-political, and socio-cultural challenges
© 2016 Jennifer M. Gidley

14 Alternative global environmental, geo-political, and socio-cultural futures
© 2016 Jennifer M. Gidley